【働き方改革検定】

ハラスメントマネージャー
Ⅰ種認定試験
精選問題集

収録問題

午前試験（選択式）・・・1ページ
　　問題1〜問題80

午後試験（記述式）・・・160ページ
　　問題1〜問題20

・本問題集で略記した法令名は下記の通りである。

育児・介護休業法（育児休業、介護休業等育児又は家族介護を行う労働者の福祉に関する法律）

男女雇用機会均等法（雇用の分野における男女の均等な機会及び待遇の確保等に関する法律）

労働者派遣法（労働者派遣事業の適正な運営の確保及び派遣労働者の保護等に関する法律）

労働施策総合推進法（労働施策の総合的な推進並びに労働者の雇用の安定及び職業生活の充実等に関する法律）

ハラスメントマネージャー I 種認定試験　試験概要

試験時間	午前試験　選択式試験	10:00〜12:15
	午後試験　記述式試験	14:00〜15:45
合否について	午前試験、午後試験のいずれも 70%以上の得点を取得した場合に合格となります。 午前試験科目、午後試験科目のいずれか 1 つが 70%以下であった場合、1 年以内に 70%以下であった試験について、再受験により 70%以上を取得すれば合格となります。	
制限時間	午前試験　:　120 分	
	午後試験　:　 90 分	
受験料	18,000 円（税抜）	
再受験料 （午前・又は午後のみ）	10,000 円（税抜）	

ハラスメントマネージャー I 種認定試験　出題数・形式等

出題数・形式	午前試験	選択式設問　65 問程度
	午後試験	記述式設問　2〜3 問程度
合計出題数		合計　70 問程度
正答率合格ライン		70%
参考資料		厚生労働省各種資料・調査データ 協会ホームページに掲載 ※サンプル問題も掲載しています。

ハラスメントマネージャーⅠ種認定試験　出題内容

課題	課題内容
第1課題	ハラスメントマネジメント
第2課題	職場におけるハラスメントの理解 1　ハラスメント対策の必要性 2　職場におけるセクシュアルハラスメントの理解 3　職場における妊娠・出産・育児休業等に関するハラスメントの理解 4　職場におけるパワーハラスメントの理解
第3課題	事業主の雇用管理上の義務 1　雇用管理上の義務概要 2　雇用管理上の措置の内容
第4課題	個別労働紛争を解決するための手続
第5課題	職場におけるハラスメントの法的責任
第6課題	職場におけるハラスメントの予防と対応
第7課題	ハラスメント相談・苦情対応 1　事業主の方針等の明確化及びその周知・啓発 2　相談・苦情に応じ、適切に対応するために必要な体制の整備 3　職場におけるハラスメントにかかる事後の迅速かつ適切な対応 4　職場における妊娠・出産・育児休業等に関するハラスメントの原因や背景となる要因を解消するための措置 5　各措置と併せて講ずべき措置
第8課題	ハラスメント相談員について
第9課題	従業員教育

第 10 課題	実態把握アンケートの実施
第 11 課題	ハラスメント参考事例
第 12 課題	ハラスメント裁判例

※試験要項、出題数・形式、課題内容は変更となる場合があります。

お問合せ先

一般財団法人 全日本情報学習振興協会

東京都千代田区平河町 2-5-5　全国旅館会館 1F

TEL : 03-5276-0030

http://www.joho-gakushu.or.jp/

ハラスメントマネージャー
I種認定試験
（午前試験）

選択式 80 問

問題1．各種ハラスメントに関するaからdまでの出来事が発生した順に正しく並べられているものを、以下のアからエまでのうち1つ選びなさい。

a．アメリカで雇用機会均等委員会のガイドラインが出され、性差別としてのセクシュアルハラスメントの法理が確立した影響を受け、日本でも同法理の樹立の必要性が議論されるようになった。

b．職場における育児・介護休業法上の権利や措置に関連して行われるハラスメントに対する防止や適切対応が事業主の措置義務となった。

c．「パワーハラスメント」という言葉が登場し、職場における権限などパワーを背景とした、本来業務の適正な範囲を超えた行為が違法不当であるとの認識が広まるようになった。

d．労働施策総合推進法が改正され、職場のパワーハラスメント防止対策を講じることが事業主の義務となる。

ア．a → b → c → d

イ．a → c → b → d

ウ．b → a → c → d

エ．b → c → d → a

a．1980 年にアメリカで雇用機会均等委員会のガイドラインが出され、性差別としてのセクシュアルハラスメントの法理が確立した影響を受け、日本でも同法理の樹立の必要性が 1980 年代の後半から議論されるようになった。

b．2016 年の育児・介護休業法の改正により、職場における育児・介護休業法上の権利や措置に関連して行われるハラスメントに対する防止や適切対応が事業主の措置義務となった。

c．2000 年代には、「パワーハラスメント」という言葉が登場し、職場における権限などパワーを背景とした、本来業務の適切な範囲を超えた行為が違法不当であるとの認識が広がるようになった。

d．2019 年 5 月に改正労働施策総合推進法が成立し、パワーハラスメント防止対策が義務化されることとなった。法的義務化の時期については、大企業は 2020 年 6 月 1 日、中小企業は 2022 年 4 月 1 日となっている。

以上により、正しい順は a → c → b → d で肢イが正解となる。

解答　イ

問題２．各種ハラスメントに関する出来事が発生した順に正しく並べられて
いるものを、以下のアからエまでのうち１つ選びなさい。

　　a．職場の男性上司から女性部下に対して行われる不快な性的言動が「セ
　　　　クシュアルハラスメント」として違法不当な行為であるとの認識が広
　　　　まるようになった。

　　b．「パワーハラスメント」という言葉が登場し、職場における権限などパ
　　　　ワーを背景とした、本来業務の適正な範囲を超えた行為が違法不当で
　　　　あるとの認識が広まるようになった。

　　c．職場における育児・介護休業法上の権利や措置に関連して行われるハ
　　　　ラスメントに対する防止や適切対応が事業主の措置義務となった。

　　d．パワーハラスメントに関し、事業主の雇用管理上講ずべき措置等につ
　　　　いて定めた指針等が告示された。

　　ア．　a → b → c → d

　　イ．　a → c → b → d

　　ウ．　b → a → c → d

　　エ．　b → c → d → a

解説　ハラスメント関連年表

a．わが国では、1980年代を通して、職場の男性上司から女性部下に対して行われる不快な性的言動が「セクシュアルハラスメント」として違法不当な行為であるとの認識が広まるようになった。

b．2000年代には、「パワーハラスメント」という言葉が登場し、職場における権限などパワーを背景とした、本来業務の適切な範囲を超えた行為が違法不当であるとの認識が広がるようになった。

c．2016年の育児・介護休業法の改正により、職場における育児・介護休業法上の権利や措置に関連して行われるハラスメントに対する防止や適切対応が事業主の措置義務となった。

d．2020年1月15日にパワーハラスメントに関し、事業主の雇用管理上講ずべき措置等について定めた指針等が告示された。

以上により、正しい順は a → b → c → d で肢アが正解となる。

解答　ア

問題３．職場におけるハラスメント対策の必要性に関する以下のアからエまでの記述のうち、最も適切ではないものを１つ選びなさい。

ア．職場におけるハラスメントは、労働者の就業環境を著しく害する発言や行動をいうが、そのような言動が性的なものであればセクシュアルハラスメント、労働者の育児休業・介護休業等に関するものであればケアハラスメント、優越的な関係を背景としたものであればパワーハラスメントとなる。

イ．態様が悪質なハラスメント（あからさまなハラスメント）は、被害者が休職・退職に至る等の人的損失を招く恐れがあり、また、職場環境の悪化により、従業員の定着率が低下し、ひいては優秀な人材の流出に繋がりかねない。

ウ．あからさまなハラスメントに対し、会社が被害者（受け手）への対応や救済を怠った場合は、周囲の従業員からの上司や会社に対する信頼を失うこととなる。

エ．態様が悪質なハラスメント（あからさまなハラスメント）は、それが発生してしまうと、受け手（被害者）の被害感情が強く、行為者や会社との関係修復が困難な傾向がある。

| 解説 | 職場におけるハラスメント対策の必要性 |

ア　誤　り。職場におけるハラスメントは、労働者の就業環境を著しく害する発言や行動をいうが、そのような言動が性的なものであればセクシュアルハラスメント、労働者の育児休業等に関するものであればマタニティハラスメント、介護休業等に関するものであればケアハラスメント、優越的な関係を背景としたものであればパワーハラスメントとなる。

イ　正しい。態様が悪質なハラスメント（あからさまなハラスメント）は、被害者が休職・退職に至る等の人的損失を招く恐れがあり、また、職場環境の悪化により、従業員の定着率が低下し、ひいては優秀な人材の流出に繋がりかねない。

ウ　正しい。あからさまなハラスメントに対し、会社が被害者（受け手）への対応や救済を怠った場合は、周囲の従業員からの上司や会社に対する信頼を失うこととなる。

エ　正しい。態様が悪質なハラスメント（あからさまなハラスメント）は、それが発生してしまうと、受け手（被害者）の被害感情が強く、行為者や会社との関係修復が困難な傾向がある。

| 解答　ア |

問題4．ハラスメント対策に関する社会の動向や事業主の義務について、以下のアからエまでの記述のうち、最も適切ではないものを1つ選びなさい。

　ア．政府の「働き方改革実行計画（2017年3月）」では、働き方改革の対応策として「健康で働きやすい職場環境の整備」を掲げ、その具体的な施策の1つとして、「メンタルヘルス・パワーハラスメント防止対策の取組強化」をあげている。

　イ．職場におけるセクシュアルハラスメントと職場における妊娠・出産・育児休業等に関するハラスメントについては、これらに起因する問題に関して雇用管理上必要な措置を講ずべき義務が事業主に課されている。

　ウ．使用者は、労働契約に基づいて、本来の債務である賃金支払義務を負うほか、労働契約に定めがある場合に限り、安全配慮義務を負う。

　エ．裁判例によれば、使用者は労働者が働きやすい職場環境を整備し保つように配慮したり、良好な職場環境を整備すべき信義則上の義務を負うとしている。

解説　ハラスメント対策に関する社会の動向や事業主の義務

ア　正しい。政府の「働き方改革実行計画（2017年3月）」では、働き方改革の対応策として「健康で働きやすい職場環境の整備」を掲げ、その具体的な施策の1つとして、「メンタルヘルス・パワーハラスメント防止対策の取組強化」をあげている。

イ　正しい。職場におけるセクシュアルハラスメントと職場における妊娠・出産・育児休業等に関するハラスメントについては、これらに起因する問題に関して雇用管理上必要な措置を講ずべき義務が事業主に課されている。

ウ　誤　り。労働契約法5条には、「使用者は、労働契約に伴い、労働者がその生命、身体等の安全を確保しつつ労働することができるよう、必要な配慮をするものとする」と規定されているため、使用者は、労働契約に付随して安全配慮義務を負う。

エ　正しい。裁判例によれば、使用者は労働者が働きやすい職場環境を整備し保つように配慮したり、良好な職場環境を整備すべき信義則上の義務を負うとしている。

解答　ウ

問題５．LGBT に対するハラスメントに関する以下のアからエまでの記述の
　　　　うち、最も適切ではないものを１つ選びなさい。

　ア．LGBT とは、レズビアン、ゲイ、バイセクシャル、トランスジェンダー
　　　などの性的マイノリティを総称する用語である。

　イ．LGBT には、性自認や性的指向が定まっていない者や、男性・女性と
　　　いった区分が容易でない中間的な性などは含まれない。

　ウ．日本には、LGBT のパートナー関係を婚姻関係と同等に扱う法規定はな
　　　いが、市区町村では、一定の要件を満たす同性カップルには、公営住
　　　宅への入居を認めるなど、待遇改善を進める動きがある。

　エ．2018 年 10 月に可決された「東京都オリンピック憲章にうたわれる人
　　　権尊重の理念の実現を目指す条例」には、「都、都民及び事業者は、性
　　　自認及び性的指向を理由とする不当な差別的取扱いをしてはならな
　　　い」とする規定が盛り込まれた。

解説　LGBT に対するハラスメント

ア　正しい。LGBT とは、レズビアン、ゲイ、バイセクシャル、トランスジェンダーなどの性的マイノリティを総称する用語である。

イ　誤　り。LGBT には、性自認や性的指向が定まっていない者や、男性・女性といった区分が容易でない中間的な性なども含まれる。

ウ　正しい。日本には、LGBT のパートナー関係を婚姻関係と同等に扱う法規定はないが、市区町村では、一定の要件を満たす同性カップルには、公営住宅への入居を認めるなど、待遇改善を進める動きがある。

エ　正しい。2018 年 10 月に可決された「東京都オリンピック憲章にうたわれる人権尊重の理念の実現を目指す条例」には、「都、都民及び事業者は、性自認及び性的指向を理由とする不当な差別的取扱いをしてはならない」とする規定が盛り込まれた（同条例 4 条）。

解答　イ

問題６．「LGBT」とは、レズビアン、ゲイ、バイセクシャル、トランスジェン
　　　　ダーなどの性的マイノリティを総称する用語である。LGBT に関する
　　　　以下のアからエまでの記述のうち、最も適切ではないものを１つ選
　　　　びなさい。

　　ア．こころの性とからだの性が一致しない者をトランスジェンダーという。

　　イ．性的指向とは、自己の性別についての認識である。

　　ウ．職場において行われる LGBT に関連したセクシュアルハラスメントや
　　　　パワーハラスメントについて、事業主は雇用管理上の措置を講じなけ
　　　　ればならない。

　　エ．電通ダイバーシティ・ラボ「LGBT 調査 2018」によれば、日本の LGBT
　　　　層に該当する人は 8.9％となり、看過できない割合に達している。

解説　LGBT とは

ア　正しい。こころの性とからだの性が一致しない者をトランスジェンダー
　　　　　　　という。

イ　誤　り。性的指向とは、恋愛感情または性的感情の対象となる性別につ
　　　　　　　いての指向である。

ウ　正しい。職場において行われる LGBT に関連したセクシュアルハラスメ
　　　　　　　ントやパワーハラスメントについて、事業主は雇用管理上の措
　　　　　　　置を講じなければならない。

エ　正しい。電通ダイバーシティ・ラボ「LGBT 調査 2018)によれば、日本の
　　　　　　　LGBT 層に該当する人は 8.9％となり、看過できない割合に達し
　　　　　　　ている。

解答　イ

問題７． 2019 年 6 月に、国際労働機関（ILO）で、採択されたハラスメント
　　　　禁止条約に関する以下のアからエまでの記述のうち、最も適切で
　　　　はないものを 1 つ選びなさい。

　ア．ILO ハラスメント禁止条約では、「労働の世界における暴力とハラス
　　　メント」を、「物理的、心理的、性的、経済的な損害を引き起こす受
　　　け入れがたい行動や慣行、脅威」などと定義している。

　イ．ILO ハラスメント禁止条約は、「労働の世界における暴力とハラスメ
　　　ント」からの保護の対象を、労働者のほか、契約形態にかかわらず
　　　働く人々、インターンなど訓練中の人、雇用期間が終了した人、職
　　　探し中の人などまで広く含め、適用場面についても、職場だけでな
　　　く、出張先や勤務中なども含まれるとしている。

　ウ．ILO ハラスメント禁止条約は、加盟国に対し、「労働の世界における
　　　暴力とハラスメント」を法的に禁止することや、監視のための仕組
　　　みを確立・強化すること、被害者の救済・支援措置の確保、罰則を設
　　　けることなどを求めている。

　エ．ILO ハラスメント禁止条約採択の結果を受け、ヨーロッパを中心に
　　　職場におけるハラスメント行為について罰則を設ける国が増えてい
　　　る中、日本でも 2020 年 6 月施行の改正労働施策総合推進法において、
　　　ハラスメント行為に対する罰則を設けることとなった。

解説　ハラスメント禁止条約

ア　正しい。IL0ハラスメント禁止条約では、「労働の世界における暴力とハラスメント」を、「物理的、心理的、性的、経済的な損害を引き起こす受け入れがたい行動や慣行、脅威」などと定義している。

イ　正しい。IL0ハラスメント禁止条約は、「労働の世界における暴力とハラスメント」からの保護の対象を、労働者のほか、契約形態にかかわらず働く人々、インターンなど訓練中の人、雇用期間が終了した人、職探し中の人などまで広く含め、適用場面についても、職場だけでなく、出張先や勤務中なども含まれるとしている。

ウ　正しい。IL0ハラスメント禁止条約は、加盟国に対し、「労働の世界における暴力とハラスメント」を法的に禁止することや、監視のための仕組みを確立・強化すること、被害者の救済・支援措置の確保、罰則を設けることなどを求めている。

エ　誤　り。我が国では職場におけるハラスメント行為に対する罰則はないが、ヨーロッパを中心に職場におけるハラスメントの罰則を設ける国が増えている。

解答　エ

問題８． 次の図は、我が国における民事上の個別労働紛争の主な相談内容の件数の推移を示している。図中の（　　）に入る最も適切な相談内容の組合せを、以下のアからエまでのうち１つ選びなさい。

ア． a．いじめ・嫌がらせ　　　b．解雇　　　c．退職勧奨

イ． a．いじめ・嫌がらせ　　　b．退職勧奨　　　c．解雇

ウ． a．解雇　　　b．いじめ・嫌がらせ　　　c．退職勧奨

エ． a．解雇　　　b．退職勧奨　　　c．いじめ・嫌がらせ

解説　民事上の個別労働紛争の主な相談内容の件数の推移

　総合労働相談のうち、民事上の個別労働紛争の相談内容では「いじめ・嫌がらせ」が (87,570 件) と、6 年連続で最多となり、次いで「自己都合退職 (40,081 件)」、「解雇 (34,561 件)」、「労働条件の引下げ (29,258 件)」、「退職勧奨 (22,752 件)」となっている。

解答　ア

問題９．職場におけるパワーハラスメントの成立に関する以下のアからエまでの記述のうち、最も適切ではないものを１つ選びなさい。

ア．パワーハラスメントの成立要件である「優越的な関係を背景とした」言動とは、当該事業主の業務を遂行するに当たって、当該言動を受ける労働者が当該言動の行為者とされる者に対して抵抗又は拒絶することができない蓋然性が高い関係を背景として行われるものを指す。例えば、職務上の地位が上位の者による言動等がこれに含まれる。

イ．パワーハラスメントの成立要件である「業務上必要かつ相当な範囲を超えた」言動とは、社会通念に照らし、当該言動が明らかに当該事業主の業務上必要性がない、かつその態様が相当でないものを指す。例えば、業務を遂行するための手段として不適当な言動でも、業務上の必要性が認められればこれに含まれない。

ウ．パワーハラスメントの成立要件である「労働者の就業環境が害される」とは、当該言動により労働者が身体的又は精神的に苦痛を与えられ、労働者の就業環境が不快なものとなったため、能力の発揮に重大な悪影響が生じる等当該労働者が就業する上で看過できない程度の支障が生じることを指す。

エ．パワーハラスメントは、①優越的な関係を背景とした言動であって、②業務上必要かつ相当な範囲を超えたものにより、③労働者の就業環境が害されるものであり、①から③までの要素を全て満たすものをいう。

|解説　パワーハラスメントの成立要件|

ア　正しい。パワーハラスメントの成立要件である「優越的な関係を背景とした」言動とは、当該事業主の業務を遂行するに当たって、当該言動を受ける労働者が当該言動の行為者とされる者に対して抵抗又は拒絶することができない蓋然性が高い関係を背景として行われるものを指す。例えば、職務上の地位が上位の者による言動等がこれに含まれる。

イ　誤　り。パワーハラスメントの成立要件である「業務上必要かつ相当な範囲を超えた」言動とは、社会通念に照らし、当該言動が明らかに当該事業主の業務上必要性がない、又はその態様が相当でないものを指す。例えば、業務を遂行するための手段として不適当な言動は、業務上の必要性が認められる場合であってもこれに含まれる。

ウ　正しい。パワーハラスメントの成立要件である「労働者の就業環境が害される」とは、当該言動により労働者が身体的又は精神的に苦痛を与えられ、労働者の就業環境が不快なものとなったため、能力の発揮に重大な悪影響が生じる等当該労働者が就業する上で看過できない程度の支障が生じることを指す。

エ　正しい。パワーハラスメントは、①優越的な関係を背景とした言動であって、②業務上必要かつ相当な範囲を超えたものにより、③労働者の就業環境が害されるものであり、①から③までの要素を全て満たすものをいう。

|解答　イ|

問題 10. 次の図は、労働者がパワーハラスメントを受けたと感じた場合の心身への影響に関する調査において、回答率が高かった項目を順に並べたものである。図中の（　）に入る最も適切な語句の組合せを、以下のアからエまでのうち 1 つ選びなさい。

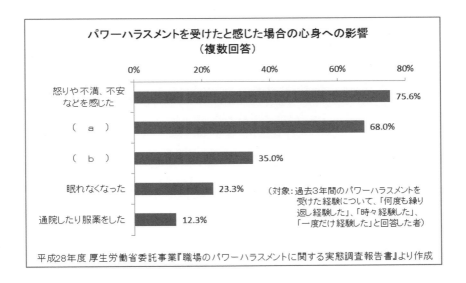

平成28年度 厚生労働省委託事業『職場のパワーハラスメントに関する実態調査報告書』より作成

ア．a．職場でのコミュニケーションが減った
　　b．仕事に対する意欲が減退した

イ．a．職場でのコミュニケーションが減った
　　b．休むことが増えた

ウ．a．仕事に対する意欲が減退した
　　b．休むことが増えた

エ．a．仕事に対する意欲が減退した
　　b．職場でのコミュニケーションが減った

解説　パワーハラスメントを受けたと感じた場合の心身への影響

怒りや不満、不安などを感じた	仕事に対する意欲が減退した	職場でのコミュニケーションが減った	眠れなくなった	通院したり服薬をした	休むことが増えた
75.6%	68.0%	35.0%	23.3%	12.3%	8.9%

解答　エ

問題 11. パワーハラスメントの現状に関する次の文章中の（　　）に入る
最も適切な語句の組合せを、以下のアからエまでのうち１つ選びな
さい。

　労働者がパワーハラスメントを受けた場合、（　a　）割合が高くなっ
ていることから、パワーハラスメントの実態が相対的に把握されにくく
なることが考えられる。

　さらに、厚生労働省の「職場のパワーハラスメントに関する実態調査
報告書（平成 28 年度）」によれば、パワーハラスメントの予防・解決に
向けた取組のうち相談窓口の設置については、企業が実施していると回
答した割合は、（　b　）であるにもかかわらず、従業員が把握している
と回答した割合は（　c　）であり、パワーハラスメントの予防・解決に
向けた取組について、企業が実施していても、従業員には十分に認知さ
れていないということもある。

ア．a．家族や社外の友人など企業とは関係のないところに相談する
　　b．82.9%　　　　c．45.5%

イ．a．家族や社外の友人など企業とは関係のないところに相談する
　　b．45.5%　　　　c．82.9%

ウ．a．労働基準監督署、都道府県労働局など公的機関に相談する
　　b．82.9%　　　　c．45.5%

エ．a．労働基準監督署、都道府県労働局など公的機関に相談する
　　b．45.5%　　　　c．82.9%

解説　パワーハラスメントの現状

　労働者がパワーハラスメントを受けた場合、(**a．家族や社外の友人
など企業とは関係のないところに相談する**) 割合が高くなっていること
から、パワーハラスメントの実態が相対的に把握されにくくなることが
考えられる 。

　さらに、厚生労働省の「職場のパワーハラスメントに関する実態調査
報告書」によれば、パワーハラスメントの予防・解決に向けた取組のう
ち相談窓口の設置については、企業が実施していると回答した割合は、
(**b．82.9%**) であるにもかかわらず、従業員が把握していると回答し
た割合は (**c．45.5%**) であり、パワーハラスメントの予防・解決に向
けた取組について、企業が実施していても、従業員には十分に認知され
ていないということもある。

　過去 3 年間にパワーハラスメントを受けたと感じた者におけるその
後の行動としては、「家族や社外の友人に相談した」が 20.3%で最も高
く、「社内の同僚に相談した」(16.0%)、「会社を退職した」(12.9%) が続
いている。

解答　ア

26

問題 12. 次のaからfまでの事例を読み、職場のパワーハラスメントに該当するものの個数を、以下のアからエまでのうち1つ選びなさい。

a．1年以上にわたり、他の従業員より高いノルマを課し、達成できないことに対し、人前で叱責するようなこと

b．社員の業務分担や時間外労働への配慮の目的で、社員の家族の状況等に関する調査を行うこと

c．上司が新入社員を育成するために短期間集中的に個室で研修等の教育を実施すること

d．懲戒規定に基づき処分を受けた労働者に対し、通常の業務に復帰させるために、その前に、一時的に別室で必要な研修を受けさせること

e．上司が部下に対して、長期間にわたり肉体的苦痛を伴う過酷な環境下において、業務に直接関係のない作業を命ずること

f．上司が部下の軽微な規則違反の戒めとして、百条以上ある就業規則の全文を書き写すように命ずること

ア．1つ　　イ．2つ　　ウ．3つ　　エ．4つ

解説　パワーハラスメントに該当する事例

a　該当する。　1年以上にわたり、他の従業員より高いノルマを課し、達成できないことに対して人前で叱責するような場合は、客観的な業務上の必要性が認められないか、またはその態様が社会通念上相当でないといえるから、「職場におけるパワーハラスメント」に該当する。

b　該当しない。社員の業務分担や時間外労働への配慮を目的として、社員の家族の状況等について調査を行うことは、社会通念上の相当性が認められるため、「職場におけるパワーハラスメント」に該当しない。

c　該当しない。上司が新入社員を育成するために個室で短期間集中的に研修等を行うことは、業務の適切な範囲を超えて行わせているとはいえないため、パワーハラスメントに該当しない。

d　該当しない。懲戒規定に基づき処分を受けた労働者に対し、通常の業務に復帰させるために、その前に、一時的に別室で必要な研修を受けさせることは、業務の適切な範囲を超えて行わせているとはいえないため、パワーハラスメントに該当しない。

e　該当する。　上司が部下に対して、長期間にわたり肉体的苦痛を伴う過酷な環境下において、業務に直接関係のない作業を命ずることは、職場におけるパワーハラスメントに該当する。

d　該当する。　上司という職務上の優位性を背景に、部下の軽微な規則違反に対し、百条以上ある就業規則の全文を書き写すように命ずることは、一般に肉体的、精神的苦痛を与えるものである一方で合理的な教育の意義や必要性が認めがたいため、パワーハラスメントに該当する。

従って、a、e、fがパワーハラスメントに該当し、正解は肢ウとなる。

解答　ウ

問題 13. 職場におけるパワーハラスメントに関する以下のアからエまでの
　　　　記述のうち、最も適切ではないものを 1 つ選びなさい。

ア．上司が部下に対して、長期間にわたり肉体的苦痛を伴う過酷な環境
　　下において、業務に直接関係のない作業を命ずることは、「職場にお
　　けるパワーハラスメント」に該当する可能性が高い。

イ．不正経理の是正を指示したが、1 年以上是正されなかったため上司
　　が叱責することは、「職場におけるパワーハラスメント」に該当しな
　　い可能性が高い。

ウ．1 年以上にわたり、他の従業員より高いノルマを課し、達成できな
　　いことに対し、人前で叱責するような行為は、「職場におけるパワー
　　ハラスメント」に該当しない可能性が高い。

エ．社員の業務分担や時間外労働への配慮の目的で、社員の家族の状況
　　等に関する調査を行うことは、「職場におけるパワーハラスメント」
　　に該当しない可能性が高い。

解説　職場におけるパワーハラスメント

ア　正しい。上司が部下に対して、長期間にわたり肉体的苦痛を伴う過酷な環境下において、業務に直接関係のない作業を命ずることは、通常は「職場におけるパワーハラスメント」には該当する。

イ　正しい。不正経理の是正を指示したのに1年以上是正されなかったため上司が叱責することは、通常は「職場におけるパワーハラスメント」には該当しない。

ウ　誤り。1年以上にわたり、他の従業員より高いノルマを課し、達成できないことに対して人前で叱責するような場合は、客観的な業務上の必要性が認められないか、またはその態様が社会通念上相当でないといえるから、「職場におけるパワーハラスメント」に該当する可能性が高い。

エ　正しい。社員の業務分担や時間外労働への配慮を目的として、社員の家族の状況等について調査を行うことは、社会通念上の相当性が認められるため、「職場におけるパワーハラスメント」には該当しない場合が多い。

解答　ウ

問題 14. 以下のアからエまでの裁判例の内容を読み、不法行為として認められなかったものを 1 つ選びなさい。

ア．定例会議において、上司が各人に意見を求めたので、部下が、「電話が鳴っても自分以外の人は、あまり電話を取らないので、他の人も電話に出るよう指導をしてほしい。」と述べたところ、上司が怒り出して、その部下に対し、「お前はやる気がない。なんでここでこんなことを言うんだ。明日から来なくていい。」などと述べた。

イ．上司が、配送の帰路に温泉に立ち寄ったため帰社が遅れたトラック運転手の部下に腹を立て、その部下の頭頂部と前髪を刈って落ち武者風の髪型にした。

ウ．上司と部下数名で昼食に出かけた際、上司が風邪を引いてマスクをしている部下に対して、「君らの気持ちが怠けているから風邪を引くんだ。」などと発言し、さらに、その部下の配偶者に言及して、「よくこんな奴と結婚したな。もの好きもいるもんだな。」と発言した。

エ．御用納めの昼食として寿司と寿司以外の弁当が出された際に、体質的に寿司が食べられないことから寿司以外の弁当を食べている部下に対して、上司が「寿司が食えない奴は水でも飲んでろ。」と揶揄した。

解説　不法行為に該当する事例

アは、社会通念上許される業務上の指導を超えて、部下に過重な心理的負担を与えたものとして、不法行為に該当する。

イの配送の帰路に温泉に立ち寄ったため帰社が遅れたトラック運転手の部下に腹を立て、その部下の頭頂部と前髪を刈って落ち武者風の髪型にすることは、不法行為に該当する。

ウは、部下にとって自らとその配偶者が侮辱されたにもかかわらず何ら反論できないことについて大いに屈辱を感じたと認めることができるところ、当該発言は、昼食時の会話であることを考慮しても、社会通念上許容される範囲を超えて、部下に精神的苦痛を与えたものと認めることができるから、上司の言動は不法行為に該当する。

エは、言い方にやや穏当さを欠くところがあったとしても、部下の食事の好みを揶揄する趣旨の発言と解するのが相当であって、部下には寿司以外の弁当が用意されていたことも考えると、当該発言が、日常的な会話として社会通念上許容される範囲を逸脱するものとまで認めることはできないから、違法とは認められない。

解答　エ

問題 15. 職場におけるパワーハラスメントに関する以下のアからエまでの
記述のうち、最も適切なものを１つ選びなさい。

ア．上司が「少しぐらいなら大丈夫だろ」、「俺の酒は飲めないのか」など
と語気を荒げ、部下に飲酒を強要することは、単なる迷惑行為であり、
不法行為法上違法とまではいえない。

イ．上司が、体調が悪いと断っている部下に対し、上司の立場で運転を強
要する行為は、不法行為法上違法とまではいえない。

ウ．業務に必要な資料の提出期限を守れない部下に対し、上司が連日催促
することは、部下の業務が過大という程増大したと認めるに足りる
証拠がない限り、不法行為法上違法とまではいえない。

エ．上司が、ミスをした部下に、損害賠償を請求し、支払えないようであ
れば、家族に請求するという趣旨を告げ、賠償を約束する内容の退職
願を書くように強要する行為は、不法行為法上違法とまではいえない。

解説　パワハラ行為に該当する事例

ア　誤　り。上司が「少しぐらいなら大丈夫だろ」、「俺の酒は飲めないのか」
　　　　　　などと語気を荒げ、部下に飲酒を強要することは、単なる迷惑
　　　　　　行為にとどまらず不法行為法上も違法である。

イ　誤　り。上司が体調の悪い部下に自動車を運転させる行為は極めて危険
　　　　　　であり、体調が悪いと断っている部下に対し、上司の立場で運
　　　　　　転を強要する行為は、不法行為法上違法である。

ウ　正しい。業務に必要な資料の提出期限を守れない部下に対し、上司が連
　　　　　　日催促することは、部下の業務が過大という程増大したと認め
　　　　　　るに足りる証拠がない限り、不法行為法上違法とはいえない。

エ　誤　り。上司が、ミスをした部下に、損害賠償を請求し、支払えないよ
　　　　　　うであれば、家族に請求するという趣旨告げ、賠償を約束する
　　　　　　内容の退職願を書くように強要する行為は、不法行為法上も違
　　　　　　法である。

出典：東京高判H25.2.27（ザ・ウィンザーホテルズインターナショナル事
　　　件）

解答　ウ

問題 16. パワーハラスメント行為の6類型に関する以下のアからエまでの
記述のうち、最も適切ではないものを1つ選びなさい。

ア．自身の意に沿わない労働者に対して、仕事を外し、長期間にわたり、
別室に隔離したり、自宅研修させたりすることは、パワーハラスメン
ト行為類型のうち「精神的な攻撃」に分類される。

イ．一人の労働者に対して同僚が集団で挨拶を無視し、社員旅行の参加も
拒否することは、パワーハラスメント行為類型のうち「人間関係から
の切り離し」に分類される。

ウ．労働者に業務とは関係のない私的な雑用の処理を強制的に行わせるこ
とは、パワーハラスメント行為類型のうち「過大な要求」に分類される。

エ．気にいらない労働者に対して嫌がらせのために仕事を与えないこと
は、パワーハラスメント行為類型のうち「過小な要求」に分類される。

解説　パワハラ行為の６類型

ア　誤　り。自身の意に沿わない労働者に対して、仕事を外し、長期間にわたり、別室に隔離したり、自宅研修させたりすることは、パワーハラスメント行為類型のうち「人間関係からの切り離し」に分類される。

イ　正しい。一人の労働者に対して同僚が集団で挨拶を無視し、社員旅行の参加も拒否することは、パワーハラスメント行為類型のうち「人間関係からの切り離し」に分類される。

ウ　正しい。労働者に業務とは関係のない私的な雑用の処理を強制的に行わせることは、パワーハラスメント行為類型のうち「過大な要求」に分類される。

エ　正しい。気にいらない労働者に対して嫌がらせのために仕事を与えないことは、パワーハラスメント行為類型のうち「過小な要求」に分類される。

解答　ア

問題 17. パワーハラスメント行為の６類型に関する以下のアからエまでの
記述のうち、最も適切ではないものを１つ選びなさい。

ア．相手に物を投げつけることは、「身体的な攻撃」に該当するが、誤っ
てぶつかることは、これに該当しない。

イ．企業の業務の内容や性質等に照らして重大な問題行動を行った労働
者に対し、一定程度強く注意をすることは、「精神的な攻撃」に該当
しない。

ウ．労働者を職場外でも継続的に監視したり、私物の写真撮影をしたり
することは、「個の侵害」に該当する。

エ．労働者を育成するために現状よりも少し高いレベルの業務を任せる
ことは、「過大な要求」に該当する。

解説　パワハラ行為の６類型

ア　正しい。相手に物を投げつけることは、「身体的な攻撃」に該当するが、
　　　　　誤ってぶつかることは、これに該当しない。

イ　正しい。企業の業務の内容や性質等に照らして重大な問題行動を行った
　　　　　労働者に対し、一定程度強く注意をすることは、「精神的な攻撃」
　　　　　に該当しない。

ウ　正しい。労働者を職場外でも継続的に監視したり、私物の写真撮影をし
　　　　　たりすること、「個の侵害」に該当する。

エ　誤　り。労働者を育成するために現状よりも少し高いレベルの業務を任
　　　　　せることは、「過大な要求」に該当しない。

解答　エ

問題 18. パワーハラスメント行為の６類型に関する以下のアからエまでの記述のうち、最も適切ではないものを１つ選びなさい。

ア．相手の能力を否定し、罵倒するような内容の電子メールを当該相手を含む複数の労働者宛てに送信することは、「精神的な攻撃」に該当するが、遅刻など社会的ルールを欠いた言動が見られ、再三注意してもそれが改善されない労働者に対して一定程度強く注意をすることはこれに該当しない。

イ．管理職である労働者を退職させるため、誰でも遂行可能な業務を行わせることは、「過小な要求」に該当するが、労働者の能力に応じて、一定程度の業務内容や業務量を軽減することは、これに該当しない。

ウ．労働者の性的指向・性自認や病歴、不妊治療等の機微な個人情報について、当該労働者の了解を得ずに他の労働者に暴露することは、「個の侵害」に該当するが、労働者の了解を得て、当該労働者の性的指向・性自認や病歴、不妊治療等の機微な個人情報について、必要な範囲で人事労務部門の担当者に伝達し、配慮を促すことは、これに該当しない。

エ．新卒採用者に対し、必要な教育を行わないまま到底対応できないレベルの業績目標を課し、達成できなかったことに対し厳しく叱責することは、「過大な要求」に該当しないが、長期間にわたる、肉体的苦痛を伴う過酷な環境下での勤務に直接関係のない作業を命ずることは、これに該当する。

解説　パワハラ行為の６類型

ア　正しい。相手の能力を否定し、罵倒するような内容の電子メールを当該
　　　相手を含む複数の労働者宛てに送信することは、「精神的攻撃」
　　　に該当するが、遅刻など社会的ルールを欠いた言動が見られ、
　　　再三注意してもそれが改善されない労働者に対して一定程度強
　　　く注意をすることはこれに該当しない。

イ　正しい。管理職である労働者を退職させるため、誰でも遂行可能な業務
　　　を行わせることは、「過小な要求」に該当するが、労働者の能力
　　　に応じて、一定程度の業務内容や業務量を軽減することは、こ
　　　れに該当しない。

ウ　正しい。労働者の性的指向・性自認や病歴、不妊治療等の機微な個人情
　　　報について、当該労働者の了解を得ずに他の労働者に暴露する
　　　ことは、「個の侵害」に該当するが、労働者の了解を得て、当該
　　　労働者の性的指向・性自認や病歴、不妊治療等の機微な個人情
　　　報について、必要な範囲で人事労務部門の担当者に伝達し、配
　　　慮を促すことは、これに該当しない。

エ　誤　り。長期間にわたる、肉体的苦痛を伴う過酷な環境下での勤務に直
　　　接関係のない作業を命ずること、新卒採用者に対し、必要な教
　　　育を行わないまま到底対応できないレベルの業績目標を課し、
　　　達成できなかったことに対し厳しく叱責することは、「過大な要
　　　求」に該当する。

解答　エ

問題 19. 労働施策総合推進法におけるパワーハラスメント防止対策の法制化に関する以下のアからエまでの記述のうち、最も適切ではないものを１つ選びなさい。

ア．事業主（その者が法人である場合にあっては、その役員）は、自らも、優越的言動問題に対する関心と理解を深め、労働者に対する言動に必要な注意を払うように努めなければならない。

イ．労働者は、優越的言動問題に対する関心と理解を深め、他の労働者に対する言動に必要な注意を払うとともに、事業主の講ずる雇用管理上の措置に協力するように努めなければならない。

ウ．厚生労働大臣は、事業主がパワーハラスメント防止などの雇用管理上講ずべき措置を怠った場合は、直ちにその旨を公表することができる。

エ．都道府県労働局長は、パワーハラスメントに関する労使紛争について、当該紛争の当事者の双方又は一方からその解決につき援助を求められた場合には、当該紛争の当事者に対し、必要な助言、指導又は勧告をすることができる。

解説　パワーハラスメント防止対策の法制化

ア　正しい。事業主（その者が法人である場合にあっては、その役員）は、自らも、優越的言動問題に対する関心と理解を深め、労働者に対する言動に必要な注意を払うように努めなければならない（労働施策総合推進法 30 条の 3 第 3 項）。

イ　正しい。労働者は、優越的言動問題に対する関心と理解を深め、他の労働者に対する言動に必要な注意を払うとともに、事業主の講ずる雇用管理上の措置に協力するように努めなければならない（労働施策総合推進法 30 条の 3 第 4 項）。

ウ　誤り。厚生労働大臣は、事業主がパワーハラスメント防止などの雇用管理上講ずべき措置を怠った場合は、事業主に対して助言、指導又は勧告をすることができ（労働施策総合推進法 33 条 2 項）、その勧告を受けた事業主がこれに従わなかったときに厚生労働大臣はその旨を公表することができる（同条 2 項）。

エ　正しい。都道府県労働局長は、パワーハラスメントに関する労使紛争について、当該紛争の当事者の双方又は一方からその解決につき援助を求められた場合には、当該紛争の当事者に対し、必要な助言、指導又は勧告をすることができる（労働施策総合推進法 30 条の 5 第 1 項）。

解答　ウ

問題 20. 中小企業の範囲に関する次の文章と表中の (　　) に入る最も適切な語句の組合せを、以下のアからエまでのうち1つ選びなさい。

　企業の「資本金の額または出資の総額」と「常時使用する労働者の数」のいずれかが以下の基準を満たしていれば、中小企業に該当すると判断される。なお、「資本金の額または出資の総額」と「常時使用する労働者の数」は、企業単位で判断される。

業種	資本金の額または 出資の総額	常時使用する 労働者数
小売業	5,000万円以下	(　a　)
サービス業	5,000万円以下	100人以下
卸売業	1億円以下	100人以下
その他 (製造業、建設業、運輸業、その他)	(　b　)	300人以下

ア．a．50人　　　　b．3億円以下

イ．a．50人　　　　b．1億円以下

ウ．a．100人　　　b．3億円以下

エ．a．100人　　　b．1億円以下

解説　中小企業の範囲

　中小企業の範囲については、「資本金の額または出資の総額」と「常時使用する労働者の数」のいずれかが以下の基準を満たしていれば、中小企業に該当すると判断される。なお、「資本金の額または出資の総額」と「常時使用する労働者の数」は、企業単位で判断される。

業種	資本金の額または出資の総額	常時使用する労働者数
小売業	5,000万円以下	（a．50人以下）
サービス業	5,000万円以下	100人以下
卸売業	1億円以下	100人以下
その他（製造業、建設業、運輸業、その他）	（b．3億円以下）	300人以下

解答　ア

問題 21. パワーハラスメントの予防・解決のための取組に関する以下のア
からエまでの記述のうち、最も適切ではないものを1つ選びなさ
い。（出典：厚生労働省「職場のパワーハラスメントに関する実態
調査報告書（平成28年度）」）

ア．パワーハラスメントの予防・解決のための取組に関し、「実施してい
る」と回答した企業は、全体の約5割を占めている。

イ．従業員規模別にみると、パワーハラスメントの予防・解決のための
取組に関し、「実施している」と回答した比率は、企業の規模が大き
くなるに従い、高くなっている。

ウ．パワーハラスメントに関する相談件数が減少した理由については、
「パワーハラスメントに対する関心が高まった」と答えた企業が
57.8％と最も多い。

エ．パワーハラスメントの予防・解決のための取組について、経営上の
課題として「非常に重要である」または「重要である」と回答した企
業の割合は8割を上回っている。

解説　パワーハラスメントの予防・解決のための取組

ア　正しい。「職場のパワーハラスメントに関する実態調査報告書（平成 28 年度）」によれば、パワーハラスメントの予防・解決のための取組に関し、「実施している」と回答した企業は 52.2％である。

イ　正しい。パワーハラスメントの予防・解決のための取組について、従業員規模別にみると、1,000 人以上の企業で「実施している」と回答した比率が 88.4％と最も高く、規模が小さくなるほど「実施している」の比率が低くなり、99 人以下では 26.0％であった。

ウ　誤　り。パワーハラスメントに関する相談件数が減少した理由については、「管理職のパワーハラスメントに対する認識・理解が進んだ」の比率が 57.8％で最も高く、次いで「パワーハラスメントに対する関心が高まった」が 44.3％となっている。

エ　正しい。パワーハラスメントの予防・解決のための取組について、経営上の課題として「非常に重要である」または「重要である」と回答した企業の割合は 8 割を上回っている。

解答　ウ

問題 22.　職場におけるセクシュアルハラスメントの状況に関する次の文章
　　　　　中の（　　）に入る最も適切な語句の組合せを、以下のアからエ
　　　　　までのうち 1 つ選びなさい。

　　職場において、セクシュアルハラスメントを経験した労働者の割合は
（　a　）であり、企業規模が大きいほどやや高い傾向がみられる。ま
た、雇用形態別の割合をみると正社員がパートタイマーより（　b　）。
セクシュアルハラスメントの態様別にみると、最も多いのは「容姿や年
齢、身体的特徴について話題にされた」(53.9%)である。次いで（　c　）
（40.1%）、「性的な話や、質問をされた」（38.2%）の順である。

独立行政法人　労働政策研究・研修機構「妊娠等を理由とする不利益取扱
い及びセクシュアルハラスメントに関する実態調査」結果（概要）（平成
28 年）

　ア．a．28.7%　　　　b．低い
　　　c．結婚、子供の有無など私生活について聞かれた

　イ．a．28.7%　　　　b．高い
　　　c．不必要に身体に触られた

　ウ．a．48.7%　　　　b．低い
　　　c．不必要に身体に触られた

　エ．a．48.7%　　　　b．高い
　　　c．結婚、子供の有無など私生活について聞かれた

解説　職場におけるセクシュアルハラスメントの状況

　職場において、セクシュアルハラスメントを経験した労働者割合は（**a. 28.7%**）であり、企業規模が大きいほどやや高い傾向がみられる。また、雇用形態別の割合をみると正社員（34.7%）がパートタイマー（17.8%）より（**b. 高い**）。セクシュアルハラスメントの態様別にみると、最も多いのは「容姿や年齢、身体的特徴について話題にされた」（53.9%）である。次いで「（**c. 不必要に身体に触られた**）」（40.1%）、「性的な話や、質問をされた」（38.2%）の順である。

解答　イ

問題 23. 令和2年6月1日より適用されたセクシュアルハラスメントに関する法改正の内容について、以下のアからエまでの記述のうち、最も適切ではないものを1つ選びなさい。

ア．会社が雇用管理上の措置を講ずる際に、労働者や労働組合等の参画を得つつアンケート調査や意見交換等を実施するなどにより、その運用状況の的確な把握や必要な見直しの検討等に努める。

イ．事業主にセクハラ等に関して相談した労働者に対して、事業主が不利益な取扱いを行うことが禁止された。

ウ．事業主は、自社の労働者が他社の労働者にセクハラを行った場合において、その他社が実施する雇用管理上の措置（事実確認等）への協力を求められた場合はこれに応じるよう努める。

エ．セクハラ等の調停制度について、紛争調整委員会は、関係当事者の同意を得た場合に限り、職場の同僚等に参考人としての出頭を求めたり、意見聴取を行うことができる。

解説　セクシュアルハラスメントに関する法改正

ア　正しい。会社が雇用管理上の措置を講ずる際に、労働者や労働組合等の参画を得つつアンケート調査や意見交換等を実施するなどにより、その運用状況の的確な把握や必要な見直しの検討等に努める。

イ　正しい。事業主にセクハラ等に関して相談した労働者に対して、事業主が不利益な取扱いを行うことが禁止された。

ウ　正しい。事業主は、自社の労働者が他社の労働者にセクハラを行い、他社が実施する雇用管理上の措置 (事実確認等) への協力を求められた場合はこれに応じるよう努める。

エ　誤　り。セクハラ等の調停制度について、紛争調整委員会が必要を認めた場合には、関係当事者の同意の有無に関わらず、職場の同僚等も参考人として出頭の求めや意見聴取が行えるようになった。

解答　エ

問題 24. 職場におけるセクシュアルハラスメントの定義に関する以下のア
からエまでの記述のうち、最も適切ではないものを１つ選びなさ
い。

ア. 「セクシュアルハラスメント」とは、相手方の意に反する性的な言動
であり、その対応によって、仕事を遂行するうえで、一定の不利益
を与えることや就業環境を悪化させることである。

イ. 「対価型セクシュアルハラスメント」とは、職場において行われる労
働者の意に反する性的な言動により労働者の就業環境が不快なもの
となったため、能力の発揮に重大な悪影響が生じる等、当該労働者
が就業する上で看過できない程度の支障が生じることである。

ウ. 職場の人間関係のなかでは、必ずしも「意に反する」言動であると
いう労働者の明確な意思表示があるとは限らない。判例は「抗議・
抵抗がなかったからといってセクシュアルハラスメントがなかった
とは言えない」としている。

エ. 男女の認識の違いにより生じている面があることを考慮すると、「不
快な言動」に該当するか否かの判断については、被害を受けた労働
者が女性である場合には「平均的な女性労働者の感じ方」を基準と
し、被害を受けた労働者が男性である場合には「平均的な男性労働
者の感じ方」を基準とすることが適当である。

解説　セクシュアルハラスメントの定義

ア　正しい。「セクシュアルハラスメント」とは、相手方の意に反する性的な言動であり、その対応によって、仕事を遂行するうえで、一定の不利益を与えることや就業環境を悪化させることである。

イ　誤り。「対価型セクシュアルハラスメント」とは、労働者の意に反する性的な言動において労働者の対応（拒否や抵抗）により、解雇、降格、減給などの不利益を受けることである。

ウ　正しい。職場の人間関係のなかでは、必ずしも「意に反する」言動であるという労働者の明確な意思表示があるとは限らない。判例は「抗議・抵抗がなかったからといってセクシュアルハラスメントがなかったとは言えない」としている。

エ　正しい。男女の認識の違いにより生じている面があることを考慮すると、「不快な言動」に該当するか否かの判断については、被害を受けた労働者が女性である場合には「平均的な女性労働者の感じ方」を基準とし、被害を受けた労働者が男性である場合には「平均的な男性労働者の感じ方」を基準とすることが適当である。

解答　イ

問題 25. 次の図は、男女雇用機会均等法の施行状況に関し、都道府県労働
局雇用環境・均等部 (室) に寄せられた相談件数の内訳を表して
いる。図中の (　　) に入る最も適切な相談内容の組合せを、以
下のアからエまでのうち 1 つ選びなさい。

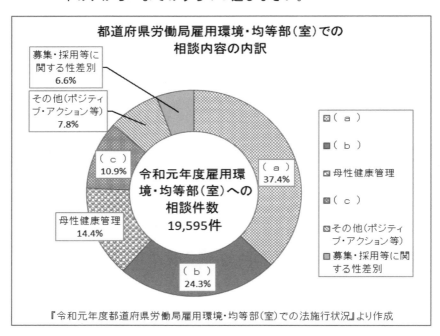

ア．a．妊娠・出産等に関するハラスメント
　　b．婚姻、妊娠・出産等を理由とする不利益取扱い
　　c．セクシュアルハラスメント

イ．a．妊娠・出産等に関するハラスメント
　　b．セクシュアルハラスメント
　　c．婚姻、妊娠・出産等を理由とする不利益取扱い

ウ．a．セクシュアルハラスメント
　　b．婚姻、妊娠・出産等を理由とする不利益取扱い
　　c．妊娠・出産等に関するハラスメント

エ．a．セクシュアルハラスメント
　　b．妊娠・出産等に関するハラスメント
　　c．婚姻、妊娠・出産等を理由とする不利益取扱い

| 解説　男女雇用機会均等法の施行状況に関する相談 |

令和元年度に、雇用環境・均等部 (室) に寄せられた男女雇用機会均等法に関する相談を内容別にみると、「セクシュアルハラスメント(第11条関係)」が最も多く 7,323 件 (37.4%)、次いで「婚姻、妊娠・出産等を理由とする不利益取扱い (第9条関係)」が 4,769 件 (24.3%)、母性健康管理 (第12条、13条関係) が 2,830 件(14.4%)、妊娠・出産等に関するハラスメント (第11条の2関係) が 2,131(10.9%)となっている。

解答　ウ

問題 26. 職場におけるセクシュアルハラスメントの定義に関する以下のア
からエまでの記述のうち、最も適切ではないものを 1 つ選びなさ
い。

ア．「職場」とは、事業主が雇用する労働者が業務を遂行する場所を指し、
労働者が通常就業している場所以外の場所であっても、労働者が業務
を遂行する場所であれば「職場」に含まれる。勤務時間外の「宴会」
「懇親の場」などであっても、実質上職務の延長と考えられるものは
「職場」に該当する。

イ．「性的な言動」とは、性的な内容の発言及び性的な行動を指し、この
「性的な内容の発言」には、性的な事実関係を尋ねること、性的な内
容の情報を意図的に流布すること等が含まれ、「性的な行動」には、性
的な関係を強要すること、必要なく体に触ること、わいせつな図画を
配布することなどが含まれる。

ウ．「労働者」とは、正規雇用労働者のみならず、パートタイム労働者、契
約社員、派遣労働者などいわゆる非正規雇用労働者を含む。派遣労働
者については、派遣先或いは派遣元どちらかの一方でハラスメント防
止対策の措置を講じていれば足りるとしている。

エ．職場におけるセクシュアルハラスメントには、異性に対するものだけ
でなく、同性に対するものも含まれる。

| 解説　職場におけるセクシュアルハラスメントの定義 |

ア　正しい。「職場」とは、事業主が雇用する労働者が業務を遂行する場所を指し、労働者が通常就業している場所以外の場所であっても、労働者が業務を遂行する場所であれば「職場」に含まれる。勤務時間外の「宴会」「懇親の場」などであっても、実質上職務の延長と考えられるものは「職場」に該当するが、その判断に当たっては、職務との関連性、参加者、参加が強制的か任意かといったことを考慮して個別に行う必要がある。

イ　正しい。「性的な言動」とは、性的な内容の発言及び性的な行動を指し、この「性的な内容の発言」には、性的な事実関係を尋ねること、性的な内容の情報を意図的に流布すること等が含まれ、「性的な行動」には、性的な関係を強要すること、必要なく体に触ること、わいせつな図画を配布することなどが含まれる。

ウ　誤り。「労働者」とは、正規雇用労働者のみならず、パートタイム労働者、契約社員などいわゆる非正規雇用労働者を含む、事業主が雇用する全ての労働者をいう。また、派遣労働者については、派遣元事業主のみならず、労働者派遣の役務の提供を受ける者（派遣先事業主）も、自ら雇用する労働者と同様に、措置を講じる必要がある。

エ　正しい。職場におけるセクシュアルハラスメントには、異性に対するものだけでなく、同性に対するものも含まれる。

| 解答　ウ |

問題 27. 職場におけるセクシュアルハラスメントに関する以下のアからエ
までの記述のうち、最も適切ではないものを１つ選びなさい。

ア．懇親会で役員の隣に女性社員が座ってお酌することになっているよう
な職場内の人間関係から明確に拒否できない場合または事実上強制
しているような場合は、セクシュアルハラスメントに該当する。

イ．職場で際どい下ネタで盛り上がっているが、特に女性社員からの苦情
はなく、笑う女性社員もいるような場合であっても、職場の人間関係
から明確に拒否できないものの不快に感じている社員もいることが
考えられることから、セクシュアルハラスメントに該当し得る。

ウ．男性社員が同僚の女性に好意を持ち、食事に誘う行為は、即セクシュ
アルハラスメントに該当する。

エ．同僚同士で交際関係にあった社員の一方が交際解消を伝えたところ、
相手が復縁を求めて業務中にメールを出して来る行為は、セクシュア
ルハラスメントに該当する。

解説　セクシュアルハラスメントの事例のチェック

ア　正しい。懇親会で役員の隣に女性社員が座ってお酌することになっているような職場内の人間関係から明確に拒否できない場合または事実上強制しているような場合は、セクシュアルハラスメントに該当する。

イ　正しい。環境型セクシュアルハラスメントは、平均的な労働者の感じ方で判断すべきであり、職場の人間関係から明確に拒否できないものの不快に感じている社員もいることが考えられる。

ウ　誤　り。食事に誘うことが即セクシュアルハラスメントに該当するわけではない。断られたのに何度も誘ったり、職場でしつこく声をかけたりした場合は、セクシュアルハラスメントと判断されることもある。

エ　正しい。同僚同士で交際関係にあった社員の一方が交際解消を伝えたところ、相手が復縁を求めて業務中にメールを出して来る行為は、セクシュアルハラスメントに該当する。

解答　ウ

問題 28. 次の図は、妊娠等を理由とする不利益取扱い等の行為者と経験者
との関係を示している。図中の（　　）に入る最も適切な項目の
組合せを、以下のアからエまでのうち 1 つ選びなさい。

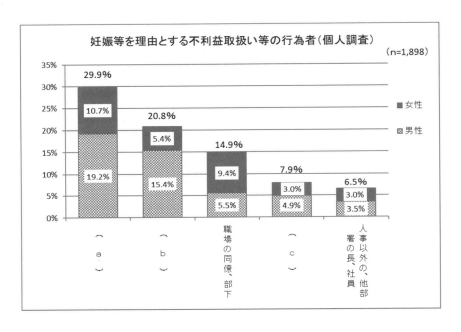

ア． a．職場の直属上司　　　b．人事所管部署の長、社員
　　 c．直属上司よりも上位の上司、役員

イ． a．職場の直属上司　　　b．直属上司よりも上位の上司、役員
　　 c．人事所管部署の長、社員

ウ． a．人事所管部署の長、社員　　　b．直属上司よりも上位の上司、役員
　　 c．職場の直属上司

エ． a．人事所管部署の長、社員　　　b．職場の直属上司
　　 c．直属上司よりも上位の上司、役員

解説	妊娠等を理由とする不利益取扱い等の行為者と経験者との関係

性別	職場の直属上司	直属上司よりも上位の上司、役員	職場の同僚、部下	人事所管部署の長、社員	人事以外の、他部署の長、社員
男性	19.2%	15.4%	5.5%	4.9%	3.5%
女性	10.7%	5.4%	9.4%	3.0%	3.0%
合計	29.9%	20.8%	14.9%	7.9%	6.5%

解答　イ

問題 29. 職場における妊娠・出産等に関するハラスメントの類型について、以下のアからエまでの記述のうち、最も適切なものを1つ選びなさい。

ア.「状態への嫌がらせ型」とは、母性健康管理、産前休業、軽易な業務への転換などの制度または措置の利用に関する言動により就業環境が害されるものである。

イ.「制度等の利用への嫌がらせ型」とは、妊娠したこと、出産したこと、産後の就業制限の規定により就業できないなど、妊娠または出産の事由に関する言動により就業環境が害されるものである。

ウ. 上司・同僚が女性労働者に対し、「妊娠するなら忙しい時期を避けるべきだった」と発言をすることは、1回の言動であってもハラスメントに該当する。

エ. 労働者が、産前産後、育児休業制度等の利用の請求を理由に上司が解雇や不利益な取扱いを示唆することは、1回の言動であってもハラスメントに該当する。

解説　職場における妊娠・出産等に関するハラスメントの類型と実例

ア　誤　り。「状態への嫌がらせ型」とは、妊娠したこと、出産したこと、産後の就業制限の規定により就業できないなど、妊娠または出産の事由に関する言動により就業環境が害されるものである。

イ　誤　り。「制度等の利用への嫌がらせ型」とは、母性健康管理、産前休業、軽易な業務への転換などの制度または措置の利用に関する言動により就業環境が害されるものである。

ウ　誤　り。「状態への嫌がらせ型」の例として、上司・同僚が女性労働者に対し、「妊娠するなら忙しい時期を避けるべきだった」と繰り返し又は継続的に言い、就業をする上で看過できない程度の支障を生じさせる場合は、ハラスメントに該当する。

エ　正しい。労働者が、産前産後、育児休業制度等の利用の請求を理由に上司が解雇や不利益な取扱いを示唆することは、1回の言動であってもハラスメントに該当する。

解答　エ

問題 30.　妊娠・出産・育児休業等を契機とする不利益取扱いに関する以下
　　　　　のアからエまでの記述のうち、最も適切ではないものを１つ選び
　　　　　なさい。

　　ア．妊娠・出産や育児休業等の申出等をしたことを「理由として」とは、
　　　　妊娠・出産・育児休業等の事由と不利益取扱いの間に「因果関係」が
　　　　あることを指し、妊娠・出産・育児休業等の事由を「契機として」不
　　　　利益取扱いを行った場合は、原則として、「理由として」いると解され、
　　　　法違反となる。

　　イ．契機とした事由又は当該取扱いにより受ける有利な影響が存在し、か
　　　　つ、当該労働者が当該取扱いに同意している場合において、有利な影
　　　　響の内容や程度が当該取扱いによる不利な影響の内容や程度を上回
　　　　り、事業主から適切に説明がなされる等、一般的な労働者であれば同
　　　　意するような合理的な理由が客観的に存在するときは、妊娠・出産・
　　　　育児休業等の事由を「契機として」不利益取扱いが行われても、法違
　　　　反とならない。

　　ウ．業務上の必要性から支障があるため当該不利益取扱いを行わざるを得
　　　　ない場合において、当該不利益取扱いにより受ける影響の内容や程度
　　　　を上回ると認められる特段の事情が存在すると認められるときは、妊
　　　　娠・出産・育児休業等の事由を「契機として」不利益取扱いが行われ
　　　　ても、法違反とならない。

　　エ．妊娠・出産・育児休業等の事由を「契機として」いるか否かは、時間
　　　　的に近接しているかで判断するとされているが、原則として、妊娠・
　　　　出産、育児休業等の終了から３年以内に不利益取扱いがなされた場合
　　　　は、妊娠・出産・育児休業等の事由を「契機として」いると判断され
　　　　る。

解説　妊娠・出産・育児休業等を契機とする不利益取扱い

ア　正しい。妊娠・出産や育児休業等の申出等をしたことを「理由として」とは、妊娠・出産・育児休業等の事由と不利益取扱いの間に「因果関係」があることを指し、妊娠・出産・育児休業等の事由を「契機として」不利益取扱いを行った場合は、原則として、「理由として」いると解され、法違反となる。

イ　正しい。契機とした事由又は当該取扱いにより受ける有利な影響が存在し、かつ、当該労働者が当該取扱いに同意している場合において、有利な影響の内容や程度が当該取扱いによる不利な影響の内容や程度を上回り、事業主から適切に説明がなされる等、一般的な労働者であれば同意するような合理的な理由が客観的に存在するときは、妊娠・出産・育児休業等の事由を「契機として」不利益取扱いが行われても、法違反とならない。

ウ　正しい。業務上の必要性から支障があるため当該不利益取扱いを行わざるを得ない場合において、当該不利益取扱いにより受ける影響の内容や程度を上回ると認められる特段の事情が存在すると認められるときは、妊娠・出産・育児休業等の事由を「契機として」不利益取扱いが行われても、法違反とならない。

エ　誤　り。妊娠・出産・育児休業等の事由を「契機として」いるか否かは、時間的に近接しているかで判断するとされているが、原則として、妊娠・出産、育児休業等の終了から 1 年以内に不利益取扱いがなされた場合は、妊娠・出産・育児休業等の事由を「契機として」いると判断される。

解答　エ

問題 31. 次のアからエまでの事由のうち、不利益取扱い禁止の対象として
男女雇用機会均等法に定められていないものを１つ選びなさい。

ア．妊娠中及び出産後の健康管理に関する措置を求めたこと

イ．産前・産後休業を請求したこと又は利用したこと

ウ．妊娠又は出産に起因する症状により労務の提供ができないこと

エ．育児休業を申し出たこと又は育児休業をしたこと

解説　男女雇用機会均等法による不利益取扱い禁止の対象となる事由

ア　該当する。妊娠中及び出産後の健康管理に関する措置を求めたこと（男
女雇用機会均等法９条３項、12 条、13 条、則２条の２第３号）

イ　該当する。産前・産後休業を請求したこと又は利用したこと（労働基準
法 65 条１項・２項、男女雇用機会均等法９条３項）

ウ　該当する。妊娠又は出産に起因する症状により労務の提供ができないこ
と（男女雇用機会均等法９条３項、則２条の２　第９号）

エ　該当しない。育児休業を申し出たこと又は育児休業をしたこと（育児・
介護休業法 10 条）

解答　エ

問題 32. 「制度等の利用への嫌がらせ型」の対象となる育児・介護休業法に
おける制度等に関する以下のアからエまでの記述のうち、最も適切
ではないものを1つ選びなさい。

ア. 3歳に達しない子を養育する労働者は、その事業主に請求することに
より、所定労働時間を超えずに労働することができる。

イ. 小学校就学の始期に達するまでの子を養育する労働者は、育児のため
の所定労働時間の短縮を事業主に申し出ることができる。

ウ. 小学校就学の始期に達するまでの子を養育する労働者は、子の世話又
は疾病の予防を図るための看護休暇の取得を事業主に申し出ること
ができる。

エ. 事業主は、事業の正常な運営を妨げる場合を除き、小学校就学前の子
を養育する一定の要件を満たす労働者が、当該子を養育するために請
求した場合は、午後10時から午前5時までの間において労働させて
はならない。

| 解説　育児・介護休業法における制度または措置 |

ア　正しい。事業主は、３歳に満たない子を養育する労働者が当該子を養育するために請求した場合においては、所定労働時間を超えて労働させてはならない。ただし、事業の正常な運営を妨げる場合は、この限りでない（育児・介護休業法 16 条の 8 第 1 項）。

イ　誤　り。一定の要件を満たす３歳未満の子を養育する労働者が、育児のための所定労働時間の短縮を事業主に申し出ることができる（同法 23 条 1 項）。

ウ　正しい。子の看護休暇とは、小学校就学の始期に達するまでの子を養育する労働者が、その事業主に申し出ることにより、1 の年度において対象の子一人につき 5 労働日を限度として、負傷し、若しくは疾病にかかった当該子の世話又は疾病の予防を図るために取得できる休暇である（育児・介護休業法 16 条の 2 第 1 項）。

エ　正しい。事業主は、事業の正常な運営を妨げる場合を除き、一定の要件を満たす小学校就学前の子を養育する労働者が、当該子を養育するために請求した場合は、午後 10 時から午前 5 時までの間において労働させてはならない（育児・介護休業法 19 条）。

解答　イ

問題 33. 都道府県労働局によるセクハラ、妊娠・出産・育児休業等に関するハラスメントの調停について、次の文章中の（　）に入る最も適切な語句の組合せを、以下のアからエまでのうち１つ選びなさい。

都道府県労働局長は、セクハラ、妊娠・出産・育児休業等に関するハラスメントおよびパワハラに起因する問題についての労働者と事業主間の紛争に関し、当該紛争の当事者の双方または一方から調停の申請があった場合において、当該紛争の解決のために必要があると認めるときは、（　a　）に調停を行わせる。（a）による調停は、妊娠・出産等に関するハラスメントの場合は（　b　）、育児休業等に関するハラスメントの場合は（　c　）と呼ばれている。

ア．a．紛争調整委員会　　　b．均衡待遇調停会議
　　c．機会均等調停会議

イ．a．紛争調整委員会　　　b．機会均等調停会議
　　c．両立支援調停会議

ウ．a．労働委員会　　　　　b．機会均等調停会議
　　c．両立支援調停会議

エ．a．労働委員会　　　　　b．均衡待遇調停会議
　　c．機会均等調停会議

解説　都道府県労働局によるセクハラ、妊娠・出産・育児休業等に関する調停

都道府県労働局長は、セクハラ、妊娠・出産・育児休業等に関するハラスメントおよびパワハラに起因する問題についての労働者と事業主間の紛争に関し、当該紛争の当事者の双方または一方から調停の申請があった場合において、当該紛争の解決のために必要があると認めるときは、（**a．紛争調整委員会**）に調停を行わせる（男女雇用機会均等法 18 条 1 項、育児・介護休業法 52 条の 5 第 1 項、労働施策総合推進法 30 条の 6 第 1 項）。

紛争調整委員会による調停は、妊娠・出産等に関するハラスメントの場合は（**b．機会均等調停会議**）、育児休業等に関するハラスメントの場合は（**c．両立支援調停会議**）と呼ばれている。

解答　イ

問題 34. ハラスメントに関する司法による紛争解決手続について、以下のア
　　　　 からエまでの記述のうち、最も適切ではないものを１つ選びなさい。

ア．個別労働紛争を解決するための司法（裁判所）による解決手続きは、
　　訴訟、調停そして労働審判が主なものである。

イ．訴訟（本案訴訟）は、権利義務関係に関する紛争について、法廷で、
　　慎重な審理により、最終的に判決によって紛争の解決を図る訴訟手続
　　である。

ウ．調停（民事調停）は、裁判官または調停官１名と一般国民から選ばれ
　　た調停委員２名以上で構成される調停委員会の仲介を受けながら、簡
　　易な事案から複雑困難な事案まで実情に応じた話合いによる解決を
　　図る手続である。

エ．労働審判は、同法における紛争の迅速で集中的な解決を図るため、原
　　則として２回以内の期日で、話合いによる解決を試みながら、最終的
　　に審判を行う手続である。

解説　ハラスメントに関する司法による紛争解決手続

ア　正しい。個別労働紛争を解決するための司法（裁判所）による解決手続きは、訴訟、調停そして労働審判が主なものである。

イ　正しい。訴訟（本案訴訟）は、権利義務関係に関する紛争について、法廷で、慎重な審理により、最終的に判決によって紛争の解決を図る訴訟手続である。訴訟の途中で話し合いにより解決することもできる（「訴訟上の和解」）。

ウ　正しい。調停（民事調停）は、裁判官または調停官 1 名と一般国民から選ばれた調停委員 2 名以上で構成される調停委員会の仲介を受けながら、簡易な事案から複雑困難な事案まで実情に応じた話合いによる解決を図る手続である。

エ　誤　り。労働審判は、同法における紛争の迅速で集中的な解決を図るため、原則として 3 回以内の期日で、話合いによる解決を試みながら、最終的に審判を行う手続である（労働審判法 15 条 2 項）。

解答　エ

問題 35. 労働審判制度に関する次の文章中の（　　）に入る最も適切な語句の組合せを、以下のアからエまでのうち１つ選びなさい。

> 労働関係における紛争は、企業と労働組合の間の集団的労使紛争と、企業と個々の労働者間の個別紛争に大別されるが、労働審判法は（　a　）に対象を限定し、そのうち（　b　）を対象として、調停手続きを包み込んだ審判の手続きを創設するものである。
> 労働審判手続きの特色は、第１に地方裁判所において、裁判官（　c　）と労働関係者の専門的な知識経験を有する２名によって構成される合議体が紛争処理を行うことである。

ア．a．後者　　　　b．権利義務に関する紛争　　　　c．１名

イ．a．後者　　　　b．労働条件に関する紛争　　　　c．２名

ウ．a．前者　　　　b．権利義務に関する紛争　　　　c．２名

エ．a．前者　　　　b．労働条件に関する紛争　　　　c．１名

解説　労働審判制度

> 労働関係における紛争は、企業と労働組合の間の集団的労使紛争と、企業と個々の労働者間の個別紛争に大別されるが、労働審判法は（**a．後者**）に対象を限定し、そのうち（**b．権利義務に関する紛争**）を対象として、調停手続きを包み込んだ審判の手続きを創設するものである（労働審判法１条）。
> 労働審判手続きの特色は、第１に地方裁判所において、裁判官（**c．１名**）と労働関係者の専門的な知識経験を有する２名によって構成される合議体が紛争処理を行うことである（同法７条〜９条）。

解答　ア

問題 36. ハラスメント行為者や使用者の損害賠償に関する以下のアからエまでの記述のうち、最も適切ではないものを1つ選びなさい。

ア. 使用者は、労働契約に伴い信義則上当然に、労働者を危険から保護するよう配慮すべき安全配慮義務を負う。この安全配慮義務を怠った使用者は、債務不履行による損害賠償責任に問われることがある。

イ. 他人の身体、自由若しくは名誉を侵害した場合又は他人の財産権を侵害した場合のいずれであるかを問わず、不法行為により損害賠償の責任を負う者は、財産以外の損害に対しても、その賠償をしなければならない。

ウ. 不法行為による損害賠償請求権の行使は、不法行為があった時又は被害者が加害者を知った時から、3年間行使しないときは、時効によって消滅する。

エ. 人の名誉を毀損した者に対して、裁判所は、被害者の請求により、損害賠償に代えて、又は損害賠償とともに、名誉を回復するのに適当な処分を命ずることができる。

解説　ハラスメント行為者や使用者の損害賠償

ア　正しい。使用者は、労働契約に伴い信義則上当然に、労働者を危険から
　　　　保護するよう配慮すべき安全配慮義務を負う（労働契約法 5 条）。
　　　　この安全配慮義務怠った使用者は、債務不履行による損害賠償
　　　　責任に問われる可能性がある（民法 415 条）。

イ　正しい。他人の身体、自由若しくは名誉を侵害した場合又は他人の財産
　　　　権を侵害した場合のいずれであるかを問わず、不法行為により
　　　　損害賠償の責任を負う者は、財産以外の損害に対しても、その
　　　　賠償をしなければならない（財産以外の損害の賠償、民法 710
　　　　条）。

ウ　誤　り。不法行為による損害賠償の請求権は、被害者又はその法定代理
　　　　人が損害及び加害者を知った時から 3 年間行使しないときは、
　　　　時効によって消滅する。不法行為の時から 20 年を経過したと
　　　　きも、同様とする（不法行為による損害賠償請求権の消滅時効、
　　　　民法 724 条）。

エ　正しい。他人の名誉を毀損した者に対して、裁判所は、被害者の請求に
　　　　より、損害賠償に代えて、又は損害賠償とともに、名誉を回復
　　　　するのに適当な処分を命ずることができる（名誉毀損における
　　　　原状回復、民法 723 条）。

解答　ウ

問題 37. 職場におけるパワーハラスメントの法的責任に関する次の文章中
の（　　）に入る最も適切な語句の組合せを、以下のアからエま
でのうち１つ選びなさい。

　被害者からパワーハラスメントで訴えられ、その行為が（　a　）と認定
された場合、加害者が（a）に基づく損害賠償責任を負うだけでなく、加害
者が所属する会社も被害者に対して、（　b　）としての損害賠償責任を負
うこととなる。

　加害者の（a）により会社が連帯して被害者に損害賠償をした場合、使用
者又は監督者は加害者に対して、求償権を行使することが（　c　）。

ア．a．不法行為　　　　b．使用者責任　　　c．できる

イ．a．不法行為　　　　b．監督者責任　　　c．できない

ウ．a．債務不履行　　　b．監督者責任　　　c．できる

エ．a．債務不履行　　　b．使用者責任　　　c．できない

解説　職場におけるハラスメントの法的責任

　被害者からパワーハラスメントで訴えられ、その行為が（**a．不法行為**）
と認定された場合、加害者が**不法行為**に基づく損害賠償責任を負うだけでな
く、加害者が所属する会社も被害者に対して、（**b．使用者責任**）としての損
害賠償責任を負うこととなる。

　加害者の**不法行為**により会社が連帯して被害者に損害賠償をした場合、使
用者又は監督者は加害者に対して、求償権を行使することが（**c．できる**）。

解答　ア

問題38. ハラスメントに関する損害賠償について、次の文章中の（　　）に入る最も適切な語句の組合せを、以下のアからエまでのうち1つ選びなさい。

　ハラスメント行為者またはその使用者が請求される損害賠償には、（　a　）と（　b　）が主となる。（a）とは、被害者の精神的苦痛を金銭に換算したものであり、（b）の例としては、ハラスメントを受け退職を余儀なくされた場合に将来得られるはずであった収入と失業保険金との差額が挙げられる。

　その他、被害に応じで医療費、入院費、物損等の被害があれば、その分についても（　c　）請求が認められることがある。

ア．a．逸失利益　　　b．費用弁済　　　c．慰謝料

イ．a．逸失利益　　　b．慰謝料　　　　c．費用弁済

ウ．a．慰謝料　　　　b．費用弁済　　　c．逸失利益

エ．a．慰謝料　　　　b．逸失利益　　　c．費用弁済

解説　ハラスメントに関する損害賠償

　ハラスメント行為者またはその使用者が請求される損害賠償には、（**a．慰謝料**）と（**b．逸失利益**）が主となる。**慰謝料**とは、被害者の精神的苦痛を金銭に換算したものであり、**逸失利益**の例としては、ハラスメントを受け退職を余儀なくされた場合に将来得られるはずであった収入と失業保険金との差額が挙げられる。

　その他、被害に応じで医療費、入院費、物損等の被害があれば、その分についても（**c．費用弁済**）請求が認められることがある。

解答　エ

問題 39. 職場におけるパワーハラスメント行為者の刑事責任に関する以下の
アからエまでの記述のうち、最も適切ではないものを１つ選びなさ
い。

ア．生命、身体、自由、名誉若しくは財産に対し害を加える旨を告知して
脅迫し、又は暴行を用いて、人に義務のないことを行わせ、又は権利
の行使を妨害した者は、強要罪として懲役に処せられる。

イ．暴行を加えた者が人を傷害するに至ったときは、暴行罪として、懲役
若しくは罰金又は拘留若しくは科料に処せられる。

ウ．生命、身体、自由、名誉又は財産に対し害を加える旨を告知して人を
脅迫した者は、脅迫罪として懲役又は罰金刑に処せられる。

エ．事実を摘示しなくても、公然と人を侮辱した者は、侮辱罪として、拘
留又は科料に処せられる。

解説　パワーハラスメント行為者の刑事責任

ア　正しい。生命、身体、自由、名誉若しくは財産に対し害を加える旨を告知して脅迫し、又は暴行を用いて、人に義務のないことを行わせ、又は権利の行使を妨害した者は、強要罪として 3 年以下の懲役に処せられる（刑法 223 条）。

イ　誤　り。暴行を加えた者が人を傷害するに至らなかったときは、暴行罪として 2 年以下の懲役若しくは 30 万円以下の罰金又は拘留若しくは科料に処される（刑法 208 条）。人の身体を傷害した者は、傷害罪として 15 年以下の懲役または 50 万円以下の罰金に処される（刑法 204 条）。

ウ　正しい。生命、身体、自由、名誉又は財産に対し害を加える旨を告知して人を脅迫した者は、脅迫罪として 2 年以下の懲役又は 30 万円以下の罰金に処せられる（刑法 222 条）。

エ　正しい。事実を摘示しなくても、公然と人を侮辱した者は、侮辱罪として拘留又は科料に処せられる。（刑法 231 条）。

解答　イ

問題 40.　職場におけるセクシュアルハラスメント行為者の法的責任に関する
　　　　　以下のアからエまでの記述のうち、最も適切ではないものを１つ選
　　　　　びなさい。

ア．13 歳以上の者に対し、暴行又は脅迫を用いてわいせつな行為をした者
　　は、強制わいせつ罪として懲役に処されることがある。

イ．わいせつな文書、図画を頒布し、または公然と陳列した者は、懲役若
　　しくは罰金、科料に処されることとなる。

ウ．ストーカー規制法における規制対象行為である「つきまとい等」の行
　　為に、ブログなどの個人のページにコメントを送ることは含まれない。

エ．つきまとい等をして、その相手方に身体の安全、住居等の平穏若しく
　　は名誉を害し、または行動の自由を著しく害される不安を覚えさせた
　　場合は、ストーカー行為に該当し、１年以下の懲役または 100 万円以
　　下の罰金に処されることがある。

解説　セクシュアルハラスメント行為者の法的責任

ア　正しい。13 歳以上の者に対し、暴行又は脅迫を用いてわいせつな行為を
　　　した者には、強制わいせつ罪が適用され、6 月以上 10 年以下の
　　　懲役に処される（刑法 176 条）。

イ　正しい。わいせつな文書、図画、電磁的記録に係る記録媒体その他の物
　　　を頒布し、又は公然と陳列した者は、2 年以下の懲役若しくは
　　　250 万円以下の罰金若しくは科料に処し、又は懲役及び罰金を
　　　併科する。また、電気通信の送信によりわいせつな電磁的記録
　　　その他の記録を頒布した者も、同様とする（刑法 175 条）。

ウ　誤　り。ストーカー規制法における規制対象行為である「つきまとい
　　　等」の行為には、ブログなどの個人のページにコメントを送る
　　　ことも含まれる（ストーカー規制法 2 条 1 項 5 号）。

エ　正しい。つきまとい等をして、その相手方に身体の安全、住居等の平穏若
　　　しくは名誉を害し、または行動の自由を著しく害される不安を
　　　覚えさせた場合は、ストーカー行為に該当し（ストーカー規制
　　　法 3 条）、1 年以下の懲役または 100 万円以下の罰金に処され
　　　る（同法 18 条）。

解答　ウ

問題 41. ハラスメントと労働災害に関する以下のアからエまでの記述のうち、最も適切ではないものを 1 つ選びなさい。

ア. 心理的負荷の強度を「弱」「中」「強」と判断する具体例として、「上司の叱責の過程で業務指導の範囲を逸脱した発言があったが、これが継続していない」場合は、心理的負荷の総合評価は「中」と判断される。

イ. 業務による強い心理的負荷により精神障害を発病したと認められる者が自殺を図った場合には、精神障害による正常の認識、行為選択能力、精神的抑制力の推定が困難なため、原則としてその死亡は労災認定されない。

ウ. セクシュアルハラスメントを受けた者は、医療機関でもセクシュアルハラスメントを受けたということをすぐに話せない場合があるので、初診時にセクシュアルハラスメントの事実を申し立てていなかったことをもって、当該労働者の心理的負荷が弱いと単純に判断してはならない。

エ. セクシュアルハラスメントを行った者が上司であり、セクシュアルハラスメントを受けた者が部下である場合、行為者が雇用関係上被害者に対して優越的な立場にある事実は、心理的負荷を強める要素となる。

解説　ハラスメントと労働災害

ア　正しい。心理的負荷の強度を「弱」「中」「強」と判断する具体例として、「上司の叱責の過程で業務指導の範囲を逸脱した発言があったが、これが継続していない」場合は、心理的負荷の総合評価は「中」と判断される。

イ　誤　り。業務による強い心理的負荷により精神障害を発病したと認められる者が自殺を図った場合には、精神障害によって正常の認識、行為選択能力が著しく阻害され、あるいは自殺行為を思いとどまる精神的抑制力が著しく阻害されている状態に陥ったものと推定されるため、原則としてその死亡は労災認定される。

ウ　正しい。セクシュアルハラスメントを受けた者は、医療機関でもセクシュアルハラスメントを受けたということをすぐに話せないこともあるが、初診時にセクシュアルハラスメントの事実を申し立てていないことが心理的負荷が弱いと単純に判断する理由にはならない。

エ　正しい。セクシュアルハラスメントを行った者が上司であり、セクシュアルハラスメントを受けた者が部下である場合、行為者が雇用関係上被害者に対して優越的な立場にある事実は、心理的負荷を強める要素となる。

出典：「心理的負荷による精神障害の認定基準」

解答　イ

問題 42. 人事異動等の人事権に関する以下のアからエまでの記述のうち、最も適切ではないものを1つ選びなさい。

ア．ハラスメント行為者に対して、人事異動として配置転換を命じ、被害者と行為者を引き離すのは、事後対策として有効な方法である。

イ．ハラスメントの内容・程度に対し、過剰な人事権の行使といえる場合は、権利の濫用と判断される可能性がある。

ウ．解雇については、客観的に合理的な理由を欠き、社会通念上相当であると認められない場合は、その権利を濫用したものとして無効となる。

エ．使用者は、就業規則に基づいて人事権を有し、配置、異動、人事考課、昇進、昇格、降格、解雇などの権限を有する。

解説　人事権

ア　正しい。ハラスメント行為者に対して、人事異動として配置転換を命じ、被害者と行為者を引き離すのは有効な方法である。

イ　正しい。権利の濫用は禁止されているため（労働契約法3条5項）、ハラスメントの内容・程度に対し過剰な人事権の行使といえる場合は、権利の濫用と判断される可能性がある。

ウ　正しい。解雇については、客観的に合理的な理由を欠き、社会通念上相当であると認められない場合は、その権利を濫用したものとして無効となる（労働契約法16条）。

エ　誤り。使用者は、労働契約に基づいて人事権を有し、配置、異動、人事考課、昇進、昇格、降格、解雇などの権限を有する。

解答　エ

問題 43. 懲戒処分に関する以下のアからエまでの記述のうち、最も適切ではないものを1つ選びなさい。

ア. 懲戒処分の種類には、戒告・けん責、減給、出勤停止、降格、諭旨解雇・諭旨退職、懲戒解雇があるが、これらは労働基準法で定められているわけではなく、公序良俗に反しない範囲内で、事業場ごとに定めることができる。

イ. 減給の制裁を定める場合は、減給は、1回の額が平均賃金の1日分の半額を超えてはならず、総額が一賃金支払期における賃金の総額の10分の1以下でなければならない。

ウ. 使用者は、懲戒処分の当時に認識していなかった当該労働者の非違行為について、事後的に、これを当該懲戒処分の理由として追加することができる。

エ. 退職勧奨は、使用者が一方的に契約の解除を通告する解雇予告とは異なり、労働者に自発的に退職する意思を形成させるための行為であるから、勧奨される労働者は、自由な意思で勧奨による退職を拒否できる。

解説　懲戒処分

ア　正しい。懲戒処分の種類には、戒告・けん責、減給、出勤停止、降格、
　　　　　　諭旨解雇・諭旨退職、懲戒解雇がある。これらは労働基準法で
　　　　　　定められているわけではなく、公序良俗（民法 90 条）に反しな
　　　　　　い範囲内で、事業場ごとに定めることができる。

イ　正しい。減給の制裁を定める場合は、減給は、1 回の額が平均賃金の 1
　　　　　　日分の半額を超えてはならず、総額が一賃金支払期における賃
　　　　　　金の総額の 10 分の 1 以下でなければならない（労働基準法 91
　　　　　　条）。

ウ　誤　り。使用者が懲戒処分当時に認識していなかった当該労働者の非違
　　　　　　行為は、当該懲戒処分の理由とされたものではないことから、
　　　　　　特段の事情がない限り、事後的に懲戒処分の理由として追加す
　　　　　　ることはできない。

エ　正しい。退職勧奨は、使用者が一方的に契約の解除を通告する解雇予告
　　　　　　とは異なり、労働者に自発的に退職する意思を形成させるため
　　　　　　の行為であるから、勧奨される労働者は、自由な意思で勧奨に
　　　　　　よる退職を拒否できる。

解答　ウ

問題 44. 職場におけるハラスメントの予防と対応のうち、個人として気をつけなければならないことに関する以下のアからエまでの記述のうち、最も適切ではないものを１つ選びなさい。

ア．パッシブ・アグレッシブとは、適切に自己主張をするためのコミュニケーションスキルで、相手の主張を否定したり、強い口調で無理に押し込めるのではなく、お互いの価値観を尊重しつつ、自分の意見を的確に言葉にするための手法である。

イ．アンガーマネジメントとは、自分のイライラや怒りの感情を理解して癒したりポジティブな方向へ展開する等上手にコントロールするための手法である。

ウ．職場におけるハラスメント、またはそれに近い言動の大きな原因には、職務上の上下関係や、正社員と非正規社員の関係、男性・女性の関係などのように、本来は人格価値と関連のない関係性に基づいて、相手の人格を軽視してしまうことがあると思われる。

エ．多くのハラスメントの加害者は自分がハラスメントを行っていることに気付いていないため、自分の行動について「相手目線」で考えることが大切である。

解説　個人として気をつけなければならないこと

ア　誤　り。アサーションとは、適切に自己主張をするためのコミュニケーションスキルで、相手の主張を否定したり、強い口調で無理に押し込めるのではなく、お互いの価値観を尊重しつつ、自分の意見を的確に言葉にするための方法である。

イ　正しい。アンガーマネジメントとは、自分のイライラや怒りの感情を理解して癒したりポジティブな方向へ展開する等上手にコントロールするための手法である。

ウ　正しい。職場におけるハラスメント、またはそれに近い言動の大きな原因には、職務上の上下関係や、正社員と非正規社員の関係、男性・女性の関係などのように、本来は人格価値と関連のない関係性に基づいて、相手の人格を軽視してしまうことがあると思われる。

エ　正しい。多くのハラスメントの加害者は自分がハラスメントを行っていることに気付いていないため、自分の行動について「相手目線」で考えることが大切である。

解答　ア

問題 45. アサーションの説明として最も適切なものを、以下のアからエまで
のうち 1 つ選びなさい。

ア．自分のイライラや怒りの感情を理解して癒したり、ポジティブな方向
　　へ展開する等上手にコントロールするための手法である。

イ．相手の主張を否定したり、強い口調で無理に押し込めるのではなく、
　　お互いの価値観を尊重しつつ、自分の意見を的確に言葉にするための
　　コミュニケーションスキルである。

ウ．会議やプロジェクトで合意形成や相互理解を高めて、チームとしての
　　自律的な問題解決を促し、業務課題を解決することで組織の業務遂行
　　力を高める手法である。

エ．相手の能力や可能性を最大限に引き出し、行動を促し、結果をつくり
　　出すことを支援するコミュニケーションスキルである。

解説　アサーション

ア　誤　り。アンガーマネジメントとは、自分のイライラや怒りの感情を理解して癒したり、ポジティブな方向へ展開する等上手にコントロールするための手法である。

イ　正しい。アサーションとは、相手の主張を否定したり、強い口調で無理に押し込めるのではなく、お互いの価値観を尊重しつつ、自分の意見を的確に言葉にするためのコミュニケーションスキルである。

ウ　誤　り。ファシリテーションとは、会議やプロジェクトで合意形成や相互理解を高めて、チームとしての自律的な問題解決を促し、業務課題を解決することで組織の業務遂行力を高める手法である。

エ　誤　り。コーチングとは、相手の能力や可能性を最大限に引き出し、行動を促し、結果をつくり出すことを支援するコミュニケーションスキルである。

解答　イ

問題 46. 次の図は、パワーハラスメントに関連して気を付けていることについて行った個人調査の結果で、回答が多かった項目を順に並べたものである。図中の（　　）に入る最も適切な語句の組合せを、以下のアからエまでのうち１つ選びなさい。

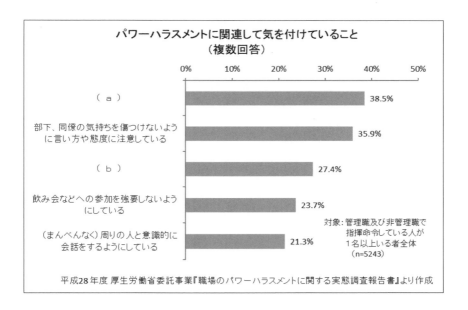

平成28年度 厚生労働省委託事業『職場のパワーハラスメントに関する実態調査報告書』より作成

ア．a．あなた自身がパワーハラスメントと言われることをしないように注意している
　　b．個人のプライバシーに関わることは聞かないようにしている

イ．a．あなた自身がパワーハラスメントと言われることをしないように注意している
　　b．気になることがあっても部下／同僚などに注意することを控えるようにしている

ウ．a．個人のプライバシーに関わることは聞かないようにしている
　　b．あなた自身がパワーハラスメントと言われることをしないように注意している

エ．a．個人のプライバシーに関わることは聞かないようにしている
　　b．気になることがあっても部下／同僚などに注意することを控えるようにしている

解説　パワーハラスメントに関連して気をつけていること

あなた自身がパワーハラスメントと言われることをしないように注意している	部下、同僚の気持ちを傷つけないように言い方や態度に注意している	個人のプライバシーに関わることは聞かないようにしている	飲み会などへの参加を強要しないようにしている	（まんべんなく）周りの人と意識的に会話をするようにしている	気になることがあっても部下／同僚などに注意することを控えるようにしている
38.5%	35.9%	27.4%	23.7%	21.3%	13.0%

解答　ア

問題 47. 個人調査において、「パワーハラスメントを受けた経験がある」と回答した労働者に関する以下のアからエまでの記述のうち、最も適切なものを1つ選びなさい。（出典：平成28年度　厚生労働省委託事業『職場のパワーハラスメントに関する実態調査報告書』）

ア．従業員調査の結果をみると、過去3年間にパワーハラスメントを受けた経験があると回答した労働者の比率はおよそ2人に1人と、前回の調査時から増加しているが、企業の取組が進みパワーハラスメントに対する関心が高まったことがその理由のひとつと考えられる。

イ．パワーハラスメントについて最も知りたいものは、「パワーハラスメントを受けたときの対応の仕方」となっている。

ウ．過去3年間にパワーハラスメントを受けたと感じた者のうち、自身が受けたと感じたパワーハラスメント行為として「過大な要求」と回答した者の比率が、最も高い。

エ．過去3年間にパワーハラスメントを受けたと感じた者において、その後「何もしなかった」と回答した者の割合は約4割で、男女別／現在の年代別でみると20代の男性の割合が最も高い。

| 解説　被害者（受け手）のハラスメントへの対応 |

ア　誤　り。従業員調査の結果をみると、過去3年間にパワーハラスメントを受けた経験があると回答した比率は 32.5％（およそ3人に1人）と、平成24年度実態調査の 25.3％（およそ4人に1人）よりも増加している。企業の取組が進みパワーハラスメントに対する関心が高まったことが増加の理由のひとつと考えられる。

イ　正しい。パワーハラスメントについて最も知りたいものは、「パワーハラスメントを受けたときの対応の仕方」（32.6％）となっている。

ウ　誤　り。過去3年間にパワーハラスメントを受けたと感じた者のうち、自身が受けたと感じたパワーハラスメント行為として「精神的な攻撃」と回答した者の比率が、最も高い。

エ　誤　り。過去3年間にパワーハラスメントを受けたと感じた者において、その後「何もしなかった」と回答した者の割合は 40.9％で、男女別／現在の年代別でみると 50歳以上の男性の割合（54.5％）が最も高い。

解答　イ

問題 48. セクシュアルハラスメントが原因で対象疾病を発病したとして労災請求がなされた事案において、心理的負荷の評価をする際に留意しなければならない事項に関する以下のアからエまでの記述のうち、最も適切ではないものを 1 つ選びなさい。

ア. セクシュアルハラスメントを受けた者は、勤務を継続したいとか、セクシュアルハラスメントを行った者からのセクシュアルハラスメントの被害をできるだけ軽くしたいとの心理などから、やむを得ず行為者に迎合するようなメール等を送ることや、行為者の誘いを受け入れることがあるが、これらの事実によってセクシュアルハラスメントを受けたことを単純に否定してはならない。

イ. セクシュアルハラスメントを受けた者は、被害を受けてからすぐに相談行動をとらないことがあるが、この事実によって心理的負荷が弱いと単純に判断してはならない。

ウ. セクシュアルハラスメントを受けた者は、医療機関でもセクシュアルハラスメントを受けたということをすぐに話せない場合があるので、初診時にセクシュアルハラスメントの事実を申し立てていなかったことをもって、当該労働者の心理的負荷が弱いと単純に判断してはならない。

エ. セクシュアルハラスメントを行った者が上司でありセクシュアルハラスメントを受けた者が部下である場合、行為者が雇用関係上被害者に対して優越的な立場にある事実は、心理的負荷を強める要素にはならない。

解説　心理的負荷の評価

ア　正しい。セクシュアルハラスメントを受けた者は、勤務を継続したいとか、セクシュアルハラスメントを行った者からのセクシュアルハラスメントの被害をできるだけ軽くしたいとの心理などから、やむを得ず行為者に迎合するようなメール等を送ることや、行為者の誘いを受け入れることがあるが、これらの事実がセクシュアルハラスメントを受けたことを単純に否定する理由にはならない。

イ　正しい。セクシュアルハラスメントを受けた者は、被害を受けてからすぐに相談行動をとらないことがあるが、この事実が心理的負荷が弱いと単純に判断する理由にはならない。

ウ　正しい。セクシュアルハラスメントを受けた者は、医療機関でもセクシュアルハラスメントを受けたということをすぐに話せないこともあるが、初診時にセクシュアルハラスメントの事実を申し立てていないことが心理的負荷が弱いと単純に判断する理由にはならない。

エ　誤　り。セクシュアルハラスメントを行った者が上司であり、セクシュアルハラスメントを受けた者が部下である場合、行為者が雇用関係上被害者に対して優越的な立場にある事実は、心理的負荷を強める要素となる。

出典：「心理的負荷による精神障害の認定基準」

解答　エ

問題 49. 職場におけるハラスメントの予防と対応のうち、個人として気をつけなければならないことに関する以下のアからエまでの記述のうち、最も適切ではないものを1つ選びなさい。

ア．上司によるパワーハラスメントについては、忍耐しつつ部下を指導していた上司が我慢の「決壊点」を超えてハラスメントに及ぶケースがある。そこで、上司は自分の感情を意識しコントロールする意識を持つことが求められる。

イ．自分のイライラや怒りの感情を理解して癒したりポジティブな方向へ展開するなど上手にコントロールするための手法をパッシブ・アグレッシブという。

ウ．職場におけるハラスメント、またはそれに近い言動の大きな原因には、職務上の上下関係や、正社員と非正規社員の関係、男性・女性の関係などのように、本来は人格価値と関連のない関係性に基づいて、相手の人格を軽視してしまうことがあると思われる。

エ．上司や同僚には到底使えない言葉を部下や非正規社員に使っていないだろうか、社外の人であれば絶対しないはずのことを同僚にしていないだろうかといった意識をもつことも大切である。

解説　個人として気をつけなければならないこと

ア　正しい。上司によるパワーハラスメントについては、忍耐しつつ部下を指導していた上司が我慢の「決壊点」を超えてハラスメントに及ぶケースがある。そこで、上司は自分の感情を意識しコントロールする意識を持つことが求められる。

イ　誤　り。自分のイライラや怒りの感情を理解して癒したりポジティブな方向へ展開する等上手にコントロールするための手法をアンガーマネジメントという。

ウ　正しい。職場におけるハラスメント、またはそれに近い言動の大きな原因には、職務上の上下関係や、正社員と非正規社員の関係、男性・女性の関係などのように、本来は人格価値と関連のない関係性に基づいて、相手の人格を軽視してしまうことがあると思われる。

エ　正しい。上司や同僚には到底使えない言葉を部下や非正規社員に使っていないだろうか、社外の人であれば絶対しないはずのことを同僚にしていないだろうかといった意識をもつことも大切である。

解答　イ

問題 50. 次の図は、企業のパワーハラスメントに関する相談があった職場に
当てはまる特徴に関する調査の結果で、回答が多かった項目を順に
並べたものである。図中の（　　）に入る最も適切な項目の組合せ
を、以下のアからエまでのうち1つ選びなさい。

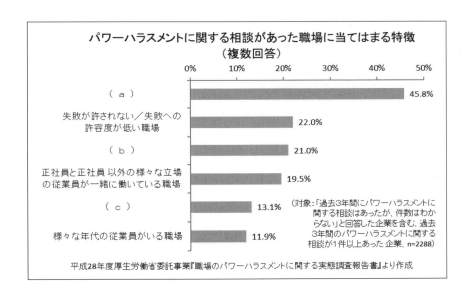

ア．a．上司と部下のコミュニケーションが少ない職場
　　b．従業員数が少ない職場
　　c．残業が多い／休みが取り難い職場

イ．a．上司と部下のコミュニケーションが少ない職場
　　b．残業が多い／休みが取り難い職場
　　c．従業員数が少ない職場

ウ．a．残業が多い／休みが取り難い職場
　　b．上司と部下のコミュニケーションが少ない職場
　　c．従業員数が少ない職場

エ．a．残業が多い／休みが取り難い職場
　　b．従業員数が少ない職場
　　c．上司と部下のコミュニケーションが少ない職場

解説　パワーハラスメントに関する相談があった職場に当てはまる特徴

パワーハラスメントに関する相談があった職場に当てはまる特徴として
は、「上司と部下のコミュニケーションが少ない職場」と回答した企業の比
率が 45.8%で最も高い。次いで「失敗が許されない/失敗への許容度が低い
職場」（22.0%）、「残業が多い／休みが取り難い職場」（21.0%）、「正社員や正
社員以外（パート、派遣社員等）など様々な立場の従業員が一緒に働いてい
る職場」（19.5%）、「従業員数が少ない職場」（13.1％）、「様々な年代の従業
員がいる職場」（11.9%）の順となっている。

解答　イ

問題 51．次の図は、過去３年間にパワーハラスメントを受けたと感じた者に
おけるその後の行動に関する調査の結果で、回答が多かった項目を
順に並べたものである。図中の（　　）に入る最も適切な項目の組
合せを、以下のアからエまでのうち１つ選びなさい。

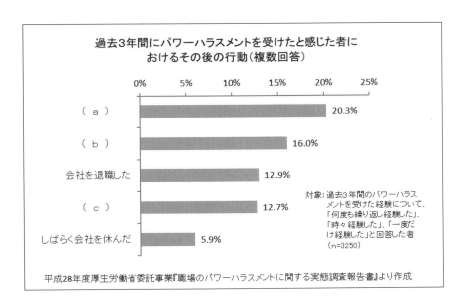

ア．a．家族や社外の友人に相談した　　b．社内の同僚に相談した
　　　c．社内の上司に相談した

イ．a．家族や社外の友人に相談した　　b．社内の上司に相談した
　　　c．社内の同僚に相談した

ウ．a．社内の上司に相談した　　　b．家族や社外の友人に相談した
　　　c．社内の同僚に相談した

エ．a．社内の上司に相談した　　　b．社内の同僚に相談した
　　　c．家族や社外の友人に相談した

解説　パワーハラスメントを受けたと感じた者におけるその後の行動

家族や社外の友人に相談した	社内の同僚に相談した	会社を退職した	社内の上司に相談した	しばらく会社を休んだ	社内の相談窓口に相談した
20.3%	16.0%	12.9%	12.7%	5.9%	3.5%

解答　ア

問題 52. 相談窓口の設置に関する以下のアからエまでの記述のうち、最も
適切ではないものを 1 つ選びなさい。

ア．厚生労働省の「職場のパワーハラスメントに関する実態調査報告書
（平成 28 年度）」によれば、企業がパワーハラスメントの予防に向
けて実施している取組の中で、「相談窓口の設置」が最も効果を実感
できるとしている。

イ．パワーハラスメントの内部相談窓口は、セクシュアルハラスメント
やコンプライアンスの相談窓口と一本化にして設置することができ
る。

ウ．内部相談窓口を設置する際には、社内の診察機関、産業医、カウン
セラーが、相談対応にあたる方法が挙げられ、必ずしも管理職や従
業員を選任する必要はない。

エ．外部に相談窓口を設置する際には、メンタルヘルス、健康相談、ハ
ラスメントなど相談窓口の代行を専門的に行っている企業に委託す
ることも考えられる。

解説　相談窓口の設置

ア　誤　り。厚生労働省の「職場のパワーハラスメントに関する実態調査報
　　　　　告書（平成 28 年度）」によれば、企業がパワーハラスメント
　　　　　の予防に向けて実施している取組の中で、最も効果を実感でき
　　　　　たのは、「管理職を対象にパワーハラスメントについての講演
　　　　　や研修会の実施」である。

イ　正しい。パワーハラスメントの内部相談窓口は、セクシュアルハラスメ
　　　　　ントやコンプライアンスの相談窓口と一本化してもよい。そも
　　　　　そも相談窓口への相談案件は、最初から「○○ハラスメント」
　　　　　として計画に分類できるものばかりではない。

ウ　正しい。内部相談窓口の設置に際しては、社内の診察機関、産業医、カ
　　　　　ウンセラーが、相談対応にあたる方法が挙げられ、必ずしも管
　　　　　理職や従業員を選任する必要はない。

エ　正しい。外部相談窓口に際しては、メンタルヘルス、健康相談、ハラス
　　　　　メントなど相談窓口の代行を専門的に行っている企業に委託す
　　　　　ることも考えられる。

解答　ア

問題 53. 次の図は、パワーハラスメントの予防に向けて実施している取組
と効果を実感できた取組に関する調査の結果で、回答が多かった
項目を順に並べたものである。図中の（　　）に入る最も適切な
項目の組合せを、以下のアからエまでのうち 1 つ選びなさい。

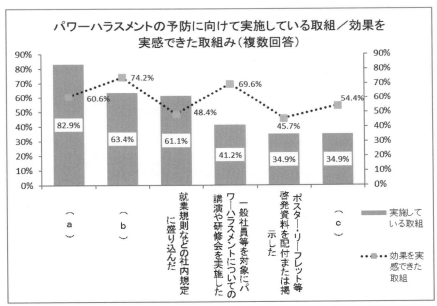

（対象：パワーハラスメントの予防・解決のための取組を実施している企業（n=2394、単位％）

（注）「効果を実感できた取組」の比率は、それぞれの取組を実施している企業のうち、その取
組を「効果を実感できた取組」と回答した企業の割合である。）

平成 28 年度厚生労働省委託事業『職場のパワーハラスメントに関する実態調査報告書（全調査
データ版）』より作成

　ア．a．管理職を対象にパワーハラスメントについての講演や研修会を実
　　　　施した
　　　b．トップの宣言、会社の方針（CSR宣言など）に定めた
　　　c．相談窓口を設置した

　イ．a．管理職を対象にパワーハラスメントについての講演や研修会を実
　　　　施した
　　　b．相談窓口を設置した
　　　c．トップの宣言、会社の方針（CSR宣言など）に定めた

ウ．a．相談窓口を設置した

　　b．管理職を対象にパワーハラスメントについての講演や研修会を実施した

　　c．トップの宣言、会社の方針（CSR宣言など）に定めた

エ．a．相談窓口を設置した

　　b．トップの宣言、会社の方針（CSR宣言など）に定めた

　　c．管理職を対象にパワーハラスメントについての講演や研修会を実施した

解説　パワーハラスメントの予防に向けて実施している取組

　パワーハラスメントの予防に向けて実施している取組としては「相談窓口を設置した」と回答した企業の比率が82.9%で最も高く、次いで「管理職を対象にパワーハラスメントについての講演や研修会を実施した」（63.4%）、「就業規則などの社内規定に盛り込んだ」（61.1%）となっている。（「トップの宣言、会社の方針（CSR宣言など）に定めた」は34.9%）

　パワーハラスメントの予防に向けて実施している取組について、それぞれの取組の実施企業のうち、当該取組について、パワーハラスメントの予防に効果を実感できた取組と回答した比率をみると、「管理職を対象にパワーハラスメントについての講演や研修会を実施した」が74.2%で最も高く、「一般社員等を対象にパワーハラスメントについての講演や研修会を実施した」（69.6%）、「相談窓口を設置した」（60.6%）が続いている。（「トップの宣言、会社の方針（CSR宣言など）に定めた」は54.4%）

解答　ウ

問題 54. 次の図は、パワーハラスメント事案の把握方法に関する調査の結
果で、回答が多かった項目を順に並べたものである。図中の（　　）
に入る最も適切な語句の組合せを、以下のアからエまでのうち１
つ選びなさい。

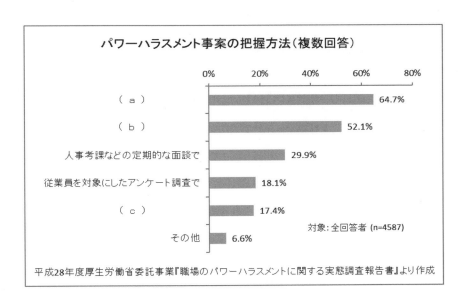

ア．a．人事等の社内担当部署への相談や報告で
　　b．社内または社外に設置した従業員向けの相談窓口で
　　c．労働組合への相談で

イ．a．人事等の社内担当部署への相談や報告で
　　b．労働組合への相談で
　　c．社内または社外に設置した従業員向けの相談窓口で

ウ．a．労働組合への相談で
　　b．社内または社外に設置した従業員向けの相談窓口で
　　c．人事等の社内担当部署への相談や報告で

エ．a．労働組合への相談で
　　b．人事等の社内担当部署への相談や報告で
　　c．社内または社外に設置した従業員向けの相談窓口で

解説　パワーハラスメント事案の把握方法

　　パワーハラスメント事案の把握方法としては、「人事等の社内担当部署への相談や報告で」（64.7%）が最も比率が高く、次いで「社内または社外に設置した従業員向けの相談窓口で」（52.1%）、「人事考課などの定期的な面談で」（29.9%）、「従業員を対象にしたアンケート調査で」（18.1%）、「労働組合への相談で」（17.4%）となっている。

解答　ア

問題 55. 相談窓口の設置に関する以下のアからエまでの記述のうち、最も
　　　　適切ではないものを1つ選びなさい。

ア．事業主は、従業員が相談しやすい相談窓口を設置し、できるだけ初
　　期の段階で気軽に相談できる仕組みを作る。

イ．パワーハラスメントの内部相談窓口を設置する場合、セクシュアル
　　ハラスメントやコンプライアンスの相談窓口とは切り分け、独立し
　　た窓口を設けなければ効果は薄い。

ウ．内部相談窓口の設置に際しては、社内の診察機関、産業医、カウン
　　セラーが、相談対応にあたる方法が挙げられ、必ずしも管理職や従
　　業員を選任する必要はない。

エ．外部相談窓口に際しては、メンタルヘルス、健康相談、ハラスメント
　　など相談窓口の代行を専門的に行っている企業に委託することも考
　　えられる。

解説　相談窓口の設置

ア　正しい。事業主は、従業員が相談しやすい相談窓口を設置し、できるだけ初期の段階で気軽に相談できる仕組みを作る。

イ　誤　り。パワーハラスメントの内部相談窓口は、セクシュアルハラスメントやコンプライアンスの相談窓口と一本化してもよい。そもそも相談窓口への相談案件は、最初から「〇〇ハラスメント」として計画に分類できるものばかりではない。

ウ　正しい。内部相談窓口の設置に際しては、社内の診察機関、産業医、カウンセラーが、相談対応にあたる方法が挙げられ、必ずしも管理職や従業員を選任する必要はない。

エ　正しい。外部相談窓口に際しては、メンタルヘルス、健康相談、ハラスメントなど相談窓口の代行を専門的に行っている企業に委託することも考えられる。

解答　イ

問題 56. 安心して相談できる相談窓口づくりに関する以下のアからエまで
の記述のうち、最も適切ではないものを１つ選びなさい。

ア．厚生労働省の「職場のパワーハラスメントに関する実態調査報告書
（平成 28 年度）」によれば、過去３年間にパワーハラスメントを受け
たと感じた者のうち、会社内の相談窓口に相談した者の割合は、何も
しなかった者の割合を上回っている。

イ．相談者・行為者等のプライバシーの保護のために必要な事項をあらか
じめマニュアルに定め、相談窓口の担当者が相談を受けた際には、当
該マニュアルに基づき対応するものとする。

ウ．相談窓口で面談により相談を受ける場合は、２名で対応し、セクシュ
アルハラスメント事案等については、同性が相談対応をするように
する。

エ．相談のスキルや経験の十分な上司が相談員を担当する場合には、別の
部署でも相談を受け付けるようにしたり、外部相談窓口を依頼するな
どして、複数の相談窓口を設けておく工夫が必要である。

解説　安心して相談できる相談窓口づくり

ア　誤　り。厚生労働省の「職場のパワーハラスメントに関する実態調査報告書（平成 28 年度）」によれば、過去 3 年間にパワーハラスメントを受けたと感じた者のうち、会社内の相談窓口に相談した者の割合は、3.5%で、何もしなかった者の割合は 40.9%である。従って、社内の相談窓口に相談した者の割合は、何もしなかった者の割合を大きく下回っている。

イ　正しい。相談者・行為者等のプライバシーの保護のために必要な事項をあらかじめマニュアルに定め、相談窓口の担当者が相談を受けた際には、当該マニュアルに基づき対応するものとする。

ウ　正しい。相談窓口で面談により相談を受ける場合は、2 名で対応し、セクシュアルハラスメント事案等については、同性が相談対応をするようにする。

エ　正しい。相談のスキルや経験の十分な上司が相談員を担当する場合には、別の部署でも相談を受け付けるようにしたり、外部相談窓口を依頼するなどして、複数の相談窓口を設けておく工夫が必要である。

解答　ア

問題 57. 利用しやすい相談窓口にするための措置に関する以下のアからエ
　　　　までの記述のうち、最も適切ではないものを1つ選びなさい。

ア．人事担当や相談者の上司・カウンセラー等と連携し、適切な対応が取
　　れるよう、あらかじめフォロー体制を整備しておくとともに、相談者
　　のみでなく、第三者、行為者からの相談も受け付けられるような体制
　　を整備する。

イ．相談は、面談に限定せず、電話や手紙・電子メール等でも受付が可能
　　な体制とするが、最終的には、必ず面談を行うようにする。

ウ．ポスター、リーフレットや研修資料などを使用し、従業員に対して相
　　談窓口や担当者を周知することも大切である。

エ．より一層、相談窓口を身近な存在にするために、相談窓口担当者は、
　　連絡を待っているだけでなく、従業員の職場を定期的に巡回してみる
　　ことも効果的である。

解説　利用しやすい相談窓口にするための措置

ア　正しい。人事担当や相談者の上司・カウンセラー等と連携し、適切な対応が取れるよう、あらかじめフォロー体制を整備しておくとともに、相談者のみでなく、第三者、行為者からの相談も受け付けられるような体制を整備する。

イ　誤　り。相談は、面談に限定せず、電話や手紙・電子メール等でも受付が可能な体制とする。面談を希望しない相談者もいるので無理に相談をさせてはならない。

ウ　正しい。ポスター、リーフレットや研修資料などを使用し、従業員に対して相談窓口や担当者を周知することも大切である。

エ　正しい。より一層、相談窓口を身近な存在にするために、相談窓口担当者は、連絡を待っているだけでなく、従業員の職場を定期的に巡回してみることも効果的である。

解答　イ

問題 58. 外部相談窓口に関する以下のアからエまでの記述のうち、最も適
切ではないものを1つ選びなさい。

ア. 外部相談窓口の設置により、経営幹部からの独立性を確保し、相談者
が安心して相談できる体制にすることができる。

イ. 外部の機関としては、弁護士事務所・社会保険労務士事務所やコンサ
ルタント会社、相談代行会社などが考えられる。

ウ. 厚生労働省の「職場のパワーハラスメントに関する実態調査報告書
（平成 28 年度）」によれば、全体の3割に近い会社が社外に相談窓口
を設置している。

エ. ハラスメント相談窓口での相談対応には、一次相談方式とカウンセ
ラー方式があり、外部に相談窓口を設ける場合には、カウンセラー方
式が主流である。

解説　外部相談窓口

ア　正しい。外部相談窓口の設置により、経営幹部からの独立性を確保し、相談者が安心して相談できる体制にすることができる。

イ　正しい。外部の機関としては、弁護士事務所・社会保険労務士事務所やコンサルタント会社、相談代行会社などが考えられる。

ウ　正しい。平成 28 年度 厚生労働省委託事業「職場のパワーハラスメントに関する実態調査報告書」によれば、全体の 3 割に近い会社が社外に相談窓口を設置している。

エ　誤　り。ハラスメント相談窓口での相談対応には、一次相談方式とカウンセラー方式があり、外部に相談窓口を設ける場合には、一次相談方式が主流である。

解答　エ

問題 59. 外部相談窓口の活用におけるプライバシーの保護に関する以下の
アからエまでの記述のうち、最も適切ではないものを1つ選びな
さい。

ア. 個別の相談事例を事業場に知らせる場合には、情報開示の内容、開示
する相手を相談者本人との間で合意しておく必要がある。

イ. 外部相談窓口の利用状況として、件数、性別、年代などの基本情報を
事業場に報告する際には、個人が特定できないように匿名性を確保す
る。

ウ. 相談者の生命、身体、財産などを脅かすような可能性のある危機的状
況に関しては、必要最低限の部署などに情報を開示する。

エ. 外部に相談窓口業務を委託する際には、プライバシー保護に関する規
定を契約に盛り込み、その内容についての開示は、契約者である事業
者に限定する。

解説　外部相談窓口の活用におけるプライバシーの保護

ア　正しい。個別の相談事例を事業場に知らせる場合には、情報開示の内容、
　　　開示する相手を相談者本人との間で合意しておく。

イ　正しい。外部相談窓口の利用状況として、件数、性別、年代などの基本
　　　情報を事業場に報告する際には、個人が特定できないように匿
　　　名性を確保する。

ウ　正しい。相談者の生命、身体、財産などを脅かすような可能性のある危
　　　機的状況に関しては、必要最低限の部署などに情報を開示する。

エ　誤　り。外部に相談窓口業務を委託する際には、プライバシー保護に関
　　　する規定を契約に盛り込み、その内容についての開示は、利用
　　　者である従業員に周知し、理解を求めておく。

解答　エ

問題 60. 次の図は、相談窓口を設置している企業における従業員から相談の
多いテーマに関する調査の結果を表したものである。図中の（　　）
に入る最も適切な語句の組合せを、以下のアからエまでのうち 1 つ
選びなさい。

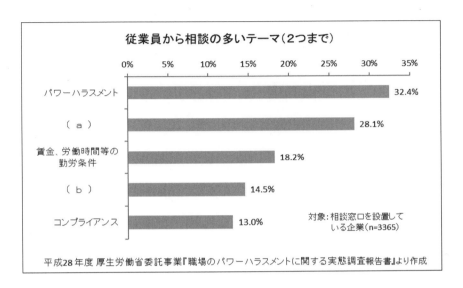

ア．a．メンタルヘルス　　　　　　b．セクシュアルハラスメント

イ．a．メンタルヘルス　　　　　　b．人事評価・キャリア

ウ．a．セクシュアルハラスメント　b．メンタルヘルス

エ．a．セクシュアルハラスメント　b．人事評価・キャリア

解説　従業員から相談の多いテーマ

従業員から相談の多い上位2テーマを聞いたところ、パワーハラスメントが32.4%と最も多く、メンタルヘルス（28.1%）、賃金、労働時間等の勤労条件（18.2%）、セクシュアルハラスメント（14.5%）、コンプライアンス（13%）、人事評価・キャリア（9.3%）を上回っている。

解答　ア

問題 61. ハラスメントの相談員の職責と役割に関する以下のアからエまでの
記述のうち、最も適切ではないものを1つ選びなさい。

ア．相談担当者の人選にあたっては、ハラスメントや人権問題に対する十
分な理解を持ち、中立的な立場で相談を受け、解決に向けて取り組む
ことができる人材を選出する必要がある。

イ．事業所の規模が大きく、多くの従業員からの相談で負担が大きいとい
う場合、相談窓口は一次対応として、相談者からの相談を聞き、その
後の事実関係の調査は、人事担当部署などに引き継ぐ仕組みとしても
よい。

ウ．相談員は、原則として従業員からの相談を受けるだけではなく、事実
関係の確認、行為者・相談者へのとるべき措置の検討、行為者・相談
者へのフォローを経て、再発防止策まで講じる必要がある。

エ．事業所規模が小さく、相談の数が多くないと想定される場合は、管理
職や人事担当部署などのしかるべき従業員を相談員として指名し、事
後の対応まで一貫して関わる仕組みとしてもよい。

解説　相談員の職責と役割

ア　正しい。相談担当者の人選にあたっては、ハラスメントや人権問題に対する十分な理解を持ち、中立的な立場で相談を受け、解決に向けて取り組むことができる人材を選出する必要がある。

イ　正しい。事業所の規模が大きく、多くの従業員からの相談を受けるだけでも負担が大きいという場合は、相談窓口は一次対応として、相談者からの相談を聞き、その後の事実関係の調査は、人事担当部署などに引き継ぐ仕組みとしてもよい。

ウ　誤　り。ハラスメントの相談においては、会社の対応を求めず面談だけを希望する相談者もいる。そのような場合に、無理に事実関係の確認以降の段階へ進めてはならない。

エ　正しい。事業所規模が小さく、相談の数が多くないと想定される場合は、管理職や人事担当部署などのしかるべき従業員を相談員として指名し、事後の対応まで一貫して関わる仕組みとしてもよい。

出典：「パワーハラスメント社内相談窓口の設置と運用のポイント（第2版）」

解答　ウ

問題 62. ハラスメント相談員の基本的な心構えに関する以下のアからエまでの記述のうち、最も適切ではないものを1つ選びなさい。

ア．関係者のプライバシーや名誉その他の人権を尊重するとともに、秘密を漏らすことは固く禁止する。

イ．事態を悪化させないために、迅速な対応は不可欠であるが、相談者からの相談のみで一挙に解決を図ろうとする独断的な行動は厳禁である。そのような行動は事態を余計に混乱させる可能性もあり、相談者の意志を尊重し、焦らず、より冷静で公平な対応や判断が求められる。

ウ．ハラスメント相談員は、自己の準拠枠で話を聞くと、相談者が大事に思うことがこぼれ落ちてしまったり、聞く耳をもてなくなる可能性があるので、相談を受ける際には、自分の価値観や先入観に支配されてはならない。

エ．ハラスメント相談員の相談対応は、相談者の主張する事実を正確に把握することが主な目的ではあるが、相談者に寄り添う姿勢も必要とされ、相談者の話に同調したり、解決に向けて自らの考え方を相談相手に示すことが必要である。

解説　ハラスメント相談員の基本的な心構え

ア　正しい。関係者のプライバシーや名誉その他の人権を尊重するとともに、秘密を漏らすことは固く禁止する。

イ　正しい。事態を悪化させないために、迅速な対応は不可欠であるが、相談者からの相談のみで一挙に解決を図ろうとする独断的な行動は厳禁である。そのような行動は事態を余計に混乱させる可能性もあり、相談者の意志を尊重し、焦らず、より冷静で公平な対応や判断が求められる。

ウ　正しい。ハラスメント相談員は、自己の準拠枠で話を聞くと、相談者が大事に思うことがこぼれ落ちてしまったり、聞く耳をもてなくなる可能性があるので、相談を受ける際には、自分の価値観や先入観に支配されてはならない。

エ　誤　り。ハラスメント相談員は、悩んでいる相談者に対しては、これに寄り添う姿勢を示すべきであるが、あからさまなハラスメントの相談であっても、感情的に相談者に同調して相談者とともに行為者を加害者と決めつけることがあってはならない。

解答　エ

問題 63. 相談しやすい雰囲気づくりに関する以下のアからエまでの記述の
うち、最も適切ではないものを１つ選びなさい。

ア．相手が何者かもわからない者に対して人は口を開きにくいので、相談
の冒頭で、相談員の側から自己紹介を丁寧に行う。

イ．相談者の不安を解消するために、相談の冒頭で、相談者のプライバ
シー・秘密を守ることを約束する。

ウ．相談対応の全体の流れの説明（事実確認や相談者及び行為者への対応
など）や、相談員の体制（１人なのか複数なのか）など、相談対応の
全体像について説明する。

エ．不安、警戒心を強く持ち、ハラスメントを受けた心理的影響から理路
整然と話すことができない相談者に対しては、最初は相談員の側から
積極的に細部にわたる質問を繰り返し、詳細の把握に努める。

解説　ハラスメント相談員の基本的な心構え

ア　正しい。相手が何者かもわからない者に対して人は口を開きにくいので、相談の冒頭で、相談員の側から自己紹介を丁寧に行う。

イ　正しい。相談者の不安を解消するために、相談の冒頭で、相談者のプライバシー・秘密を守ることを約束する。

ウ　正しい。相談対応の全体の流れの説明（事実確認や相談者及び行為者への対応など）や、相談員の体制（1人なのか複数なのか）など、相談対応の全体像について説明する。

エ　誤　り。悪質なハラスメントの被害者は、不安、警戒心の鎧が容易には取れない場合があるので、いきなり根掘り葉掘り聞いたり質問を繰り返したりせず、まずは「ご相談にいらっしゃった事情についてお話いただけますか？」などと伝えて、概略を尋ねるように心がける。まずは相談者の話を傾聴することから始めるべきである。

解答　エ

問題 64. 相談者の意向の確認に関する以下のアからエまでの記述のうち、最も適切ではないものを１つ選びなさい。

ア．相談者の意向は、報告不要でただ話を聞いてほしいという軽いものから、行為者の懲戒処分を求めるという重いものまで、いくつかに分類することができ、相談員は、始めから相談者の意向がどれにあたるのかを明確にする必要がある。

イ．相談者の意向を明確にするためには、ハラスメント解決のための体制や手続きについての情報提供が必要になる場合もある。

ウ．相談者が関係者の事情聴取まで求めない場合は、事実確認に限界があるため、会社としては行為者への指導や処分まではできず、行為者の観察や一般的な防止対策を講ずるにとどまる可能性があることを説明するべきである。

エ．相談者が事実確認を求める場合には、事情聴取する関係者の範囲の希望（話を聴いてほしい従業員）を確認しておくと、関係者の事情聴取実施の際に役立つ。

解説　相談にあたっての注意事項

ア　　誤　　り。「相談者の意向は、だいたい次のように分類できる。
　　　　　　　　・話を聞いてほしい（報告不要）。
　　　　　　　　・相談結果を報告してよい。
　　　　　　　　・匿名希望
　　　　　　　　・関係者の事情聴取は求めない。
　　　　　　　　・行為者の言動を止めたい。
　　　　　　　　・行為者の謝罪を求める。
　　　　　　　　・行為者との接点をなくしたい。
　　　　　　　　・行為者を注意・指導してほしい。
　　　　　　　　・行為者の懲戒処分を求める。
　　　　　　　相談者の意向には、これらが混在していることもあるし、自分
　　　　　　　の意向を明確にできない状況にある相談者もいる。従って、相
　　　　　　　談者の意向を上記分類にあてはめて確認することにこだわる
　　　　　　　べきではない。第1回目の相談では、相談者の意向を絞り切れ
　　　　　　　ず、継続相談となる場合もある。

イ　　正しい。相談者の意向を明確にするためには、ハラスメント解決のため
　　　　　　　の体制や手続きについての情報提供が必要になる場合もある。

ウ　　正しい。相談者が関係者の事情聴取まで求めない場合は、事実確認に限
　　　　　　　界があるため、会社としては行為者への指導や処分まではでき
　　　　　　　ず、行為者の観察や一般的な防止対策を講ずるにとどまる可能
　　　　　　　性があることを説明するべきである。

エ　　正しい。相談者が事実確認を求める場合には、事情聴取する関係者の範
　　　　　　　囲の希望（話を聴いてほしい従業員）を確認しておくと、関係
　　　　　　　者の事情聴取実施の際に役立つ。

解答　ア

問題 65. ハラスメント相談員の相談に関する記録の作成・保存について以下のアからエまでの記述のうち、最も適切ではないものを 1 つ選びなさい。

ア．記録は、聴取内容を書面で示したり、復唱したりするなどして、必ず聴取した相手に内容に相違がないかを確認しなければならない。

イ．被害に関するメモ、日記、診断書などの証拠書類は、コピーであれば本人の同意を得なくても保存することができる。

ウ．適切な対応を行うためには、事情聴取等の記録をきちんと作成し、しっかりと保存することが大切である。

エ．個人情報が流出しないよう、資料の収集は必要最小限にとどめるとともに、作成及び保存に際し、プライバシーの保護について十分に留意しなければならない。

| 解説　相談員の記録の作成・保存 |

ア　正しい。記録は、聴取内容を書面で示したり、復唱したりするなどして、必ず聴取した相手に内容に相違がないかを確認しなければならない。

イ　誤　り。被害に関するメモ、日記、診断書などの証拠書類ついて、本人の同意がある場合は、コピーして保存する。

ウ　正しい。適切な対応を行うためには、事情聴取等の記録をきちんと作成し、しっかりと保存することが大切である。

エ　正しい。個人情報が流出しないよう、資料の収集は必要最小限にとどめるとともに、作成及び保存に際し、プライバシーの保護について十分に留意しなければならない。

解答　イ

問題 66. メンタルヘルス不調が疑われる部下への対応に関する以下のアからエまでの記述のうち、最も適切ではないものを1つ選びなさい。

ア．メンタルヘルス不調が疑われる部下については、その様子を注意深く観察し、しばしば声をかけて心身の健康状態を確認する必要がある。

イ．相談を受けた際には、適切に回答しなければならないが、考え方や判断を求められた場合には、安易に回答すべきではない。

ウ．メンタルヘルス不調で治療が必要であるにもかかわらずその意欲に欠ける者を治療につなげるためには、治療を受ける必要性を明確に本人に伝える。

エ．相談を受けた際には、初めは相手の言葉で自由に語らせることが大切であるため、分からないところは適度に相槌を打って聞き流す。

| 解説　メンタルヘルス不調が疑われる部下への対応 |

ア　正しい。メンタルヘルス不調が疑われる部下については、その様子を注意深く観察し、しばしば声をかけて心身の健康状態を確認する必要がある。

イ　正しい。相談を受けた際には、適切に回答しなければならないが、考え方や判断を求められた場合には、安易に回答すべきではない。

ウ　正しい。メンタルヘルス不調で治療が必要であるにもかかわらずその意欲に欠ける者を治療につなげるためには、治療を受ける必要性を明確に本人に伝える。

エ　誤　り。相談を受ける際には、初めのうちは相手の言葉で自由に語らせることが大切であり、分かったことは、分かったと伝え、分からないことは、質問をするなどして、聴く姿勢に徹する。

解答　エ

問題 67. ハラスメントの事実確認に関する以下のアからエまでの記述のうち、最も適切ではないものを 1 つ選びなさい。

ア. ハラスメントの事実確認は、一般的に、相談者の聴取→関係者の聴取→行為者の聴取の順に行われるが、行為者による証拠隠滅の恐れがある場合は、関係者より先に行為者の事情聴取を実施することも考えられる。

イ. ハラスメントの行為者に対する事実確認が必要な場合は、行為者に対する聞き取り調査を行うが、その際には相談者に事前に許可を得る必要がある。

ウ. 事実確認によりハラスメントが生じた事実が確認できた場合は、上司や産業保健スタッフ、従業員支援プログラムなどによる被害者のメンタルヘルス不調への相談対応の措置も行う必要がある。

エ. 事実確認により、ハラスメントが生じた事実が確認できた場合、まず、最初に行うことは、被害者に対する配慮のための措置を迅速にとることであり、被害者と行為者を引き離すための配置転換、被害者の労働条件上の不利益の回復などが挙げられる。

解説　ハラスメントの事実確認

ア　誤　り。ハラスメントの事実確認は、一般的に、相談者の聴取→行為者の聴取→関係者の聴取の順に行われるが、行為者による証拠隠滅の恐れがある場合や事実を固めて準備してから行為者に確認した方がよいと判断した場合は、行為者より先に関係者の事情聴取を実施することも考えられる。

イ　正しい。ハラスメントの行為者に対する事実確認が必要な場合、行為者に対する聞き取り調査を行うが、その際には相談者に事前に許可を得る必要がある。

ウ　正しい。事実確認により、ハラスメントが生じた事実が確認できた場合、上司や産業保健スタッフ、従業員支援プログラムなどによる被害者のメンタルヘルス不調への相談対応の措置も行う必要がある。

エ　正しい。事実確認により、ハラスメントが生じた事実が確認できた場合、まず、最初に行うことは、被害者に対する配慮のための措置を迅速にとることであり、被害者と行為者を引き離すための配置転換、被害者の労働条件上の不利益の回復などが挙げられる。

解答　ア

問題 68. セクシュアルハラスメント認定をする際の注意事項に関する以下のアからエまでの記述のうち、最も適切ではないものを 1 つ選びなさい。

ア．セクシュアルハラスメントの行為者に対する処分は、会社の人事に関することであり会社が処分の具体的な内容及び処分の理由を明らかにする義務はないことや、関係者のプライバシーの保護の必要性は加害者についても同様であるとして、処分の具体的内容や処分の理由を明らかにしないことは、義務違反にはならない。

イ．セクシュアルハラスメント認定をする際には、被害者が明確な拒否の姿勢を示していなかったとしても、そのような事情を行為者に有利な事情として斟酌すべきではない。

ウ．セクシュアルハラスメント認定をする際には、性的被害者の行動パターンを一義的に経験則化し、それに合致しない行動は、架空のものとして排斥しなければならない。

エ．セクシュアルハラスメントが原因で労災事案が起こってしまった場合は、労働基準監督署による調査等に真摯に向き合うとともに、社内で再発防止策をきちんと講じていくという姿勢が重要である。

解説　セクシュアルハラスメント認定をする際の注意事項

ア　正しい。セクシュアルハラスメントの行為者に対する処分は、会社の人
　　　　　　事に関することであり、会社が処分の具体的な内容及び処分の
　　　　　　理由を明らかにする義務はないことや、関係者のプライバシー
　　　　　　の保護の必要性は加害者についても同様であるとして、処分の
　　　　　　具体的内容や処分の理由を明らかにしないことは、義務違反に
　　　　　　はならない。

イ　正しい。セクシュアルハラスメント認定をする際には、被害者が明確な
　　　　　　拒否の姿勢を示していなかったとしても、そのような事情を行
　　　　　　為者に有利な事情として斟酌すべきではない。

ウ　誤　り。セクシュアルハラスメント認定をする際には、性的被害者の行
　　　　　　動パターンを一義的に経験則化し、それに合致しない行動は、
　　　　　　架空のものであると排斥することはできない。

エ　正しい。セクシュアルハラスメントが原因で労災事案が起こってしまっ
　　　　　　た場合は、労働基準監督署による調査等に真摯に向き合うとと
　　　　　　もに、社内で再発防止策をきちんと講じていくという姿勢が重
　　　　　　要である。

解答　ウ

問題 69. ハラスメントの事実関係の調査結果を踏まえ、会社として取るべき対応に関する以下のアからエまでの記述のうち、最も適切ではないものを1つ選びなさい。

ア. ハラスメントがあったと判断することはできないが、そのままでは事態が悪化する可能性があると考えられる場合は、継続して調査を行い、ハラスメントがあったと判断できるまでは、行為者に対する働きかけを始めてはならない。

イ. ハラスメントがあったと判断できる場合の対応としては、行為者又は相談者への注意・指導、行為者から相談者への謝罪、人事異動、懲戒処分などが考えられる。

ウ. ハラスメントがあったと判断できる場合で、特に重大・深刻な場合、相談者が懲戒処分等を希望しているときは、解決方法について弁護士や社会保険労務士に相談することも考えられる。

エ. ハラスメントがあったと判断できる場合で、会社が相談者から民事訴訟を提起される恐れがある場合には、紛争の長期化を避けるため、個別労働紛争解決制度のあっせん手続きや労働審判を活用することも考えられる。

解説　事実関係の調査結果を踏まえ、会社として取るべき対応

ア　誤　り。ハラスメントがあったと判断することはできないが、そのまま
　　　　　　では事態が悪化する可能性があると考えられる場合、会社とし
　　　　　　ては、行為者への注意・指導や席替え・配置転換の実施など、
　　　　　　何らかの措置を講ずるべきである。

イ　正しい。ハラスメントがあったと判断できる場合の対応としては、行為
　　　　　　者又は相談者への注意・指導、行為者から相談者への謝罪、人
　　　　　　事異動、懲戒処分などが考えられる。

ウ　正しい。ハラスメントがあったと判断できる場合で、特に重大・深刻な
　　　　　　場合、相談者が懲戒処分等を希望しているときは、解決方法に
　　　　　　ついて弁護士や社会保険労務士に相談することも考えられる。

エ　正しい。ハラスメントがあったと判断できる場合で、会社が相談者から
　　　　　　民事訴訟を提起される恐れがある場合など、紛争の長期化を避
　　　　　　けるため、個別労働紛争解決制度のあっせん手続きや労働審判
　　　　　　を活用することも考えられる。

解答　ア

問題 70. 和解調整に関する以下のアからエまでの記述のうち、最も適切では
ないものを１つ選びなさい。

ア．事実確認の結果、職場におけるハラスメントが生じた事実が確認でき
た場合に行う措置のひとつとして、被害者と行為者の間の関係改善に
向けての和解調整がある。

イ．和解調整の措置を行うに際しては、相談者および行為者の希望・意向
を確認することが重要であり、当事者のどちらか一方の譲歩があれば、
和解が成立する。

ウ．和解調整は、相談者・行為者らの問題を調停する措置であるから、必
ずしも事実の確定にこだわる必要はなく、事実を裏づける資料や証言
が得られずハラスメントの事実が確認できない場合であっても、関係
改善援助やメンタルヘルスケア等を行うことができる。

エ．和解調整において、事実に関する双方の主張の対立が激しく慎重な事
実確認が必要とみられる場合や、当事者に互譲の姿勢がみられない場
合、調整点を見出せない場合などには、和解調整を中止・終了せざる
を得ない場合もある。

解説　和解調整

ア　正しい。事実確認の結果、職場におけるハラスメントが生じた事実が確認できた場合に行う措置のひとつとして、被害者と行為者の間の関係改善に向けての和解調整がある。

イ　誤　り。和解調整は話し合い・調停の要素があるから、当事者双方の同意と互譲がなければ功を奏しない。つまり、お互いに譲歩しないと和解は成立しない。

ウ　正しい。和解調整は、相談者・行為者らの問題を調停する措置であるから、必ずしも事実の確定にこだわらなくてもよい。事実を裏づける資料や証言が得られずハラスメントの事実が確認できない場合でも、関係改善援助やメンタルケア等を行うことはできる。

エ　正しい。和解調整の中止・終了以後の措置については、事実確認と社内処分の手続を進めたり、都道府県労働局の紛争調整委員会による調停を申し立てて第三者機関を利用した調整を試みることなどが考えられる。

解答　イ

問題 71. ハラスメントに関するアンケートの実施について、以下のアから
エまでの記述のうち、最も適切ではないものを1つ選びなさい。

ア．ハラスメントに関するアンケートを実施する場合は、従業員全員を対
象としなければならず、管理職のみを対象としたり、パート社員のみ
を対象とすることはできない。

イ．ハラスメントに関するアンケート調査票は、紙媒体とするか電子デー
タとするかに大きく分けられるが、電子データの場合は、ワード、エ
クセル等の調査票に回答を入力してメールに添付して返信してもら
うなどの方法が考えられる。

ウ．相談窓口によせられたハラスメントの内容とアンケートの内容を比
べることで、相談・苦情処理体制の効果を検証することができる。

エ．ハラスメントに関するアンケートの実施を通じて、ハラスメント防止
に向けた会社の姿勢を従業員が再確認する機会となる。

解説　ハラスメントに関するアンケートの実施

ア　誤　り。ハラスメントに関するアンケートは、その具体的目的に応じて、従業員全員を対象とする場合、管理職のみを対象とする場合、派遣社員のみを対象とする場合などが考えられる（派遣社員を対象とする場合は、派遣元との協力が必要となる）。また、全事業場で実施する場合と、一部の事業場のみで実施する場合とに分けることもできる。

イ　正しい。ハラスメントに関するアンケート調査票は、紙媒体とするか電子データとするかに大きく分けられるが、電子場データの場合は、ワード、エクセル等の調査票に回答を入力してメールに添付して返信してもらうなどの方法が考えられる。

ウ　正しい。相談窓口によせられなかったハラスメントがアンケートで確認できたかどうかなどを確認し、相談・苦情処理体制の効果を検証することができる。

エ　正しい。ハラスメントに関するアンケートの実施を通じて、ハラスメント防止に向けた会社の姿勢を従業員が再確認する機会となる。

解答　ア

問題 72. ハラスメントに関する従業員教育について、以下のアからエまで
の記述のうち、最も適切ではないものを１つ選びなさい。

ア．管理監督者と一般従業員に分けた階層別研修より、管理監督者と一般
従業員が一緒に受講する研修の方がより効果的である。

イ．ハラスメント予防対策として、従業員全員に対する教育のための研修
の実施が、最も一般的で効果が大きい方法と考えられる。

ウ．研修内容には、トップのメッセージ、会社のルール、取組の内容を含
めるとともに、具体的な事例を加えるとより効果的である。

エ．教育のための研修は、可能な限り全員に受講させ、定期的に、繰り返
して実施すると、より効果がある。

解説　ハラスメントに関する従業員教育

ア　誤　り。管理監督者と一般従業員に分けた階層別研修の実施が効果的である。ただし、企業規模が小さいなどの場合は、管理監督者と一般従業員が一緒に研修を受講してもよい。

イ　正しい。ハラスメント予防対策として、従業員に対する教育のための研修の実施が、最も一般的で効果が大きい方法と考えられる。

ウ　正しい。研修内容には、トップのメッセージ、会社のルール、取組の内容含めるとともに、具体的な事例を加えるとより効果的である。

エ　正しい。教育のための研修は、可能な限り全員に受講させ、定期的に、繰り返して実施するとより効果がある。

解答　ア

問題 73. 次の図は、パワーハラスメントの予防・解決のための取組を進めた結果、パワーハラスメントの予防・解決以外に得られた効果として、回答率が高かった項目を順に並べたものである。図中の（　　）に入る最も適切な項目の組合せを、以下のアからエまでのうち１つ選びなさい。

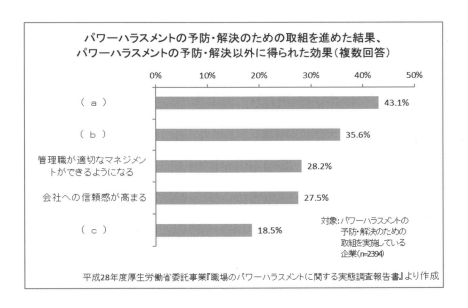

ア．a．職場のコミュニケーションが活性化する／風通しが良くなる
　　b．従業員の仕事への意欲が高まる
　　c．管理職の意識の変化によって職場環境が変わる

イ．a．職場のコミュニケーションが活性化する／風通しが良くなる
　　b．管理職の意識の変化によって職場環境が変わる
　　c．従業員の仕事への意欲が高まる

ウ．a．管理職の意識の変化によって職場環境が変わる
　　b．職場のコミュニケーションが活性化する／風通しが良くなる
　　c．従業員の仕事への意欲が高まる

エ．a．管理職の意識の変化によって職場環境が変わる
　　b．従業員の仕事への意欲が高まる
　　c．職場のコミュニケーションが活性化する／風通しが良くなる

解説　パワーハラスメントの予防・解決以外に得られた効果

「管理職の意識の変化によって職場環境が変わる」の比率が 43.1%で最も高い。「職場のコミュニケーションが活性化する／風通しが良くなる」（35.6%）、「管理職が適切なマネジメントができるようになる」（28.2%）、「会社への信頼感が高まる」（27.5）、「従業員の仕事への意欲が高まる」（18.5）が続く。また、「休職者・離職者の減少」（13.4%）や「メンタルヘルス不調者の減少」（13.1%）を回答した者がみられた。

解答　ウ

問題 74. ハラスメントの再発防止策に関する以下のアからエまでの記述の
うち、最も適切ではないものを 1 つ選びなさい。

ア．行為者に対する再発防止研修の実施として、対象者を社内に集めセミ
ナーを行い、レポート提出などを義務づける。

イ．事例ごとに検証し、新たな防止策を検討し、毎年のトップメッセージ
や会社ルール、研修などの見直し・改善に役立てる。

ウ．管理職登用にあたり、部下とのコミュニケーションの取り方や部下へ
の適正な指導や育成にあたることができる人材かどうかを昇格の条
件とする。

エ．職場環境の改善のための取組として、職場内のコミュニケーションの
強化や長時間労働対策を行うなど、職場環境を改善する。

| 解説　再発防止策 |

ア　誤　り。パワーハラスメント行為の再発を防ぐための研修は、本人の立場も配慮して行うことが必要である。社内で対象者を集めての研修は、お互い顔を合わせることになるので、できれば避けた方がよい。社内にこだわることなく、社外セミナーなどに参加させ、レポート提出などをさせるのも一つの方法である。

イ　正しい。事例ごとに検証し、新たな防止策を検討し、毎年のトップメッセージや会社ルール、研修などの見直し・改善に役立てる。またプライバシーに配慮しつつ、同様の問題が発生しないように、社内の主要な会議で情報共有することも大切である。

ウ　正しい。管理職登用にあたり、部下とのコミュニケーションの取り方や部下への適正な指導や育成にあたることができる人材かどうかを昇格の条件とする。

エ　正しい。パワーハラスメントが起きる要因には、例えば職場内のコミュニケーションや人間関係の希薄化、長時間労働の恒久化が考えられる。コミュニケーション不足により、異質なものを排除する風土が生まれ、また長時間労働による疲弊がパワーハラスメントへとつながる可能性がある。このような状況が考えられる場合は、職場内のコミュニケーションの強化や長時間労働対策を行うなど、職場環境を改善することがパワーハラスメントの予防にもつながる。

| 解答　ア |

問題 75. 仕事が原因である精神疾患に関する労災の申請・認定に関する次
の文章中の（　　）に入る最も適切な語句の組合せを、以下のアか
らエまでのうち１つ選びなさい。

　厚生労働省によると、仕事が原因でうつ病などの精神疾患にかかり、
2019 年度に労災申請したのは 2060 件で、前の年より 240 件増えて過去
最多を更新したと発表した。うち（　a　）の申請は前年度から 164 件
増え 952 件と大幅に増加した。2019 年５月にパワーハラスメントの防止
を企業に義務付ける改正労働施策総合推進法が成立して認識が高まった
ことが申請増加の背景にあるとみられる。
　労災が認められたのは 509 人で、その認定した原因は「（　b　）」が
79 件で最も多く、次いで「仕事内容や量に大きな変化があった」が 68 件
となっている。

ア．a．男性　　　　b．嫌がらせ、いじめ、暴行を受けた

イ．a．男性　　　　b．悲惨な事故や災害の体験、目撃

ウ．a．女性　　　　b．嫌がらせ、いじめ、暴行を受けた

エ．a．女性　　　　b．悲惨な事故や災害の体験、目撃

解説　2019年度労災の申請・認定

　厚生労働省によると、仕事が原因でうつ病などの精神疾患にかかり、2019年度に労災申請したのは 2060 件で、前の年より 240 件増えて過去最多を更新したと発表した。うち（ **a ．女性**）の申請は前年度から 164 件増え 952 件と大幅に増加した。2019 年 5 月にパワーハラスメントの防止を企業に義務付ける改正労働施策総合推進法が成立して認識が高まったことが申請増加の背景にあるとみられる。

　労災が認められたのは 509 人で、その認定した原因は「（**b ．嫌がらせ、いじめ、暴行を受けた**）」が 79 件で最も多く、次いで「仕事内容や量に大きな変化があった」が 68 件となっている。

解答　ウ

問題 76. 次の文章中の（　　）に入る最も適切な語句の組合せを、以下のア
からエまでのうち 1 つ選びなさい。

　海遊館事件（（　a　）H27.2.26）は、会社が行為者に対して行った出
勤停止の懲戒処分と人事上の降格処分について、行為者が懲戒権・人事
権の濫用として無効確認を請求したが、棄却された判例である。
　また、（　b　）とされているが、正社員と派遣社員という関係下にお
けるパワハラ（精神的な攻撃・（　c　））の要素もある。

ア．a．最判　　　　b．セクハラ事例　　　c．個の侵害

イ．a．最判　　　　b．マタハラ事例　　　c．身体的な攻撃

ウ．a．高判　　　　b．セクハラ事例　　　c．個の侵害

エ．a．高判　　　　b．マタハラ事例　　　c．身体的な攻撃

解説　海遊館事件

> 　海遊館事件（（**a．最判**）H27.2.26）は、会社が行為者に対して行った出勤停止の懲戒処分と人事上の降格処分について、行為者が懲戒権・人事権の濫用として無効確認を請求したが、棄却された判例である。
>
> 　また、（**b．セクハラ事例**）とされているが、正社員と派遣社員という関係下におけるパワハラ（精神的な攻撃・（**c．個の侵害**））の要素もある。

解答　ア

問題 77．次の文章中の（　　）に入る最も適切な語句の組合せを、以下の
アからエまでのうち 1 つ選びなさい。

　　広島中央保健生活共同組合事件（最判　H26.10.23）は、（　a　）を
契機として降格する措置は、原則として（　b　）9 条 3 項が禁止する不
利益取扱いにあたり無効とされた事例である。本件は、

例外 1 ： 自由な意思に基づいて降格を承諾したものと認めるに足りる合
　　　　　理的な理由が客観的に存在するとき

例外 2 ： 転換とともに降格をする必要性があり、法の趣旨に反しないと
　　　　　認める特段の事情が存在するとき

に該当するか否かが争点となったが、広島高裁の差戻審判決は、例外 1
も例外 2 も認められないとして、（　c　）判決を出した。

ア．a．妊娠中の軽易業務への転換　　　　b．男女雇用機会均等法
　　c．請求認容

イ．a．妊娠中の軽易業務への転換　　　　b．育児・介護休業法
　　c．請求棄却

ウ．a．所定労働時間の短縮等の申出　　　b．男女雇用機会均等法
　　c．請求棄却

エ．a．所定労働時間の短縮等の申出　　　b．育児・介護休業法
　　c．請求認容

解説　広島中央保健生活共同組合事件

　　広島中央保健生活共同組合事件（最判　H26.10.23）は、（**a．妊娠中の軽易業務への転換**）を契機として降格する措置は、原則として（**b．男女雇用機会均等法**）９条３項が禁止する不利益取扱いにあたり無効とされた事例である。本件は、

例外１：自由な意思に基づいて降格を承諾したものと認めるに足りる合理的な理由が客観的に存在するとき

例外２：転換とともに降格をする必要性があり、法の趣旨に反しないと認める特段の事情が存在するとき

に該当するか否かが争点となったが、広島高裁の差戻審判決は、例外１も例外２も認められないとして、（**c．請求認容**）判決を出した。

解答　ア

問題 78. パワーハラスメントの裁判例に関する以下のアからエまでの記述
のうち、最も適切ではないものを 1 つ選びなさい。

ア．労務遂行上の指導・監督の場面において、監督者が監督を受ける者を
叱責し、あるいは指示等を行う際には、労務遂行の適切さを期する目
的において適切な言辞を選んでしなければならないのは当然の注意
義務と考えられる。

イ．パワハラの定義である「同じ職場で働く者に対して、職務上の地位や
人間関係などの職場内の優位性を背景に、業務の適正な範囲を超えて、
精神的・身体的苦痛を与える又は職場環境を悪化させる行為のこと」
について、裁判例は、行為の類型化が図られた、極めて具体的な概念
であるとしている。

ウ．監督者において、労務遂行上の指導を行うに当たり、その指導が当該
監督を受ける者との人間関係や当人の理解力等も勘案して、適切に指
導の目的を達しその真意を伝えているかどうかを注意すべき義務が
ある。

エ．「殺すぞ」というような極端な言辞は、仮に「いい加減にしろ」という
叱責であり、行為者が日常的に荒っぽい言い方をする人物であること
や実際に危害を加える具体的意思はないことを被監督者が認識して
いたとしても、特段の緊急性や重大性を伝えるという場合のほかは、
受け手が受忍を強いられるいわれはない。

解説　パワハラ裁判例

ア　正しい。労務遂行上の指導・監督の場面において、監督者が監督を受ける者を叱責し、あるいは指示等を行う際には、労務遂行の適切さを期する目的において適切な言辞を選んでしなければならないのは当然の注意義務と考えられる（大阪高判H25.10.9　アークレイファクトリー事件）。

イ　誤　り。裁判例は、パワハラについては、「同じ職場で働く者に対して、職務上の地位や人間関係などの職場内の優位性を背景に、業務の適正な範囲を超えて、精神的・身体的苦痛を与える又は職場環境を悪化させる行為のこと」と「一応の定義付けがなされ、行為の類型化が図られているものの、極めて抽象的な概念であり、これが不法行為を構成するためには、質的にも量的にも一定の違法性を具備していることが必要である」としている（東京地判平26.8.13　日本アクペクトコア事件）。

ウ　正しい。監督者において、労務遂行上の指導を行うに当たり、その指導が当該監督を受ける者との人間関係や当人の理解力等も勘案して、適切に指導の目的を達しその真意を伝えているかどうかを注意すべき義務がある（大阪高判H25.10.9　アークレイファクトリー事件）。

エ　正しい。「殺すぞ」というような極端な言辞は、仮に「いい加減にしろ」という叱責であり、行為者が日常的に荒っぽい言い方をする人物であることや実際に危害を加える具体的意思はないことを被監督者が認識していたとしても、特段の緊急性や重大性を伝えるという場合のほかは、被監督者が受忍を強いられるいわれはない。

解答　イ

問題 79. 安全配慮義務に関する以下のアからエまでの記述のうち、最も適切ではないものを1つ選びなさい。

ア．安全配慮義務について、判例は「信義則上の付随義務として、使用者は労働者が労務提供のために設置する場所、設備もしくは器具等を使用し又は使用者の指示のもとに労務を提供する過程において、労働者の生命及び身体等を危険から保護するよう配慮すべき義務（安全配慮義務）を負っている」としている。

イ．安全配慮義務について、従来は判例法理によっていたが、2008年3月に施行された労働契約法に明文化された。

ウ．安全配慮義務の内容には、従業員が自分自身の健康を維持するよう努める義務（自己保健義務）が含まれている。

エ．安全配慮義務に違反しないためには、次の2つのポイントを抑える必要がある。①労働者の健康を害する予測ができたかどうか（予見可能性）、②会社が労働者の健康を害することの回避策はあったかどうか、その回避策を怠ったかどうか（結果回避性）。

解説　安全配慮義務

ア　正しい。安全配慮義務について、判例は「信義則上の付随義務として、使用者は労働者が労務提供のために設置する場所、設備もしくは器具等を使用し又は使用者の指示のもとに労務を提供する過程において、労働者の生命及び身体等を危険から保護するよう配慮すべき義務（安全配慮義務）を負っている」としている。

イ　正しい。安全配慮義務について、従来は判例法理によっていたが、2008年3月に施行された労働契約法に明文化された。

ウ　誤　り。自己保健義務は、労働安全衛生法に基づいて、自身の安全・健康を確保するために労働者に課された義務であることから、会社に求められる安全配慮義務の内容には含まれない。

エ　正しい。安全配慮義務に違反しないためには、次の2つのポイントを抑える必要がある。①労働者の健康を害する予測ができたかどうか（予見可能性）、②会社が労働者の健康を害することの回避策はあったかどうか、その回避策を怠ったかどうか（結果回避性）。

解答　ウ

問題 80. 次の文章中の（　　）に入る最も適切な語句の組合せを、以下の
アからエまでのうち１つ選びなさい。

　イビデン事件（最判平 30．2．15）は、（　a　）により退職した従業員
（被害者 V）が、行為者 D のほか、勤務先子会社（IC 社）、発注会社（IK
社）、さらに親会社である（I 社）を被告として提訴した判例である。（下
図を参照）
　名古屋高裁では、親会社（I 社）の（　b　）を（　c　）したが、最
高裁では、親会社のコンプライアンスに関する相談窓口体制が被害者の
求める通りの対応を取ることを義務づけるものではなく、相談の内容が、
被害者が既に退職した後、相当の期間を経過しており、かつ、事業場外の
出来事であったことから、親会社の（b）を（　d　）した。

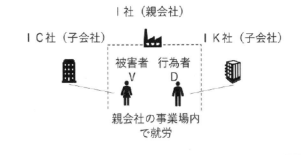

ア．a．過大な要求型のパワハラ　　　b．安全配慮義務違反
　　c．否定　　　　d．肯定

イ．a．ストーカー型のセクハラ　　　b．信義則上の義務違反
　　c．肯定　　　　d．否定

ウ．a．過大な要求型のパワハラ　　　b．信義則上の義務違反
　　c．肯定　　　　d．否定

エ．a．ストーカー型のセクハラ　　　b．安全配慮義務違反
　　c．否定　　　　d．肯定

解説　イビデン事件

イビデン事件（最判平 30.2.15）は、（**a．ストーカー型のセクハラ**）により退職した従業員（被害者 V）が、行為者 D のほか、勤務先子会社（IC 社）、発注会社（IK 社）、さらに親会社である（I 社）を被告として提訴した判例である。（下図を参照）

名古屋高裁では、親会社（I 社）の（**b．信義則上の義務違反**）を（**c．肯定**）したが、最高裁では、親会社のコンプライアンスに関する相談窓口体制が被害者の求める通りの対応を取ることを義務づけるものではなく、相談の内容が、被害者が既に退職した後、相当の期間を経過しており、かつ、事業場外の出来事であったことから、親会社の**信義則の義務違反**を（**d．否定**）した。

解答　イ

ハラスメントマネージャー
Ⅰ種認定試験
（午後試験）

記述式 20 問

問題１．相手が不快だと思えば、すべてセクシュアルハラスメントになるのか。（300 字程度で記述しなさい）

【解答の例】

　　職場におけるセクシュアルハラスメントとは、「労働者の意に反する性的な言動」により当該労働者の就業環境が害されることをいう。言動に対しての受け止め方には個人差があり、不快であるか否かは受け手の主観に委ねられているが、セクシュアルハラスメントに当たるかどうかの判断に当たっては、個人の受け止め方の違いもあることから、受け手の主観を重視しつつも、一定の客観性が必要となる。一般的には、男女の認識の違いにより生じていることを考慮すると、被害を受けた労働者が女性である場合には「平均的な女性労働者の感じ方」を基準とし、被害を受けた労働者が男性である場合には「平均的な男性労働者の感じ方」を基準としてケースバイケースで判断される。（309 字）

問題２．妊娠・出産等ハラスメントのない職場とするために上司が心掛けるべきことを 300 字以内で記述しなさい。

【解答の例】

① 自分の行為がハラスメントになっていないか注意するとともに、「子どもが小さいうちは家にいた方がいいのではないか」など、自分の価値観を押し付けないようにする。

② 妊娠・出産等についての知識や制度について理解し、特定の人に向けた言動でなくても、妊娠・出産や育児休業・介護休業制度の利用について否定的な発言をすることは、ハラスメントの発生の原因や背景になり得ることに注意する。

③ 妊娠中・育児中の制度を利用しながら働いている従業員に対しては、業務の状況とともに、周囲とのコミュニケーションに関しても目配りする。

④ 周囲のメンバーに隠れたハラスメント行為がないかについても注意する。（284 字）

問題３．職場でハラスメント行為を受けてしまった場合はどうすればよいか。
　　　（150字程度で記述しなさい）

【解答の例】

① ハラスメントは、受け流しているだけでは状況は改善されないので、
　不快に感じていること、嫌だと思っていることは勇気をもって相手に
　伝える。
② 行為者とのやりとりや状況、そのときの自分の感情などを記録に残
　す。
③ 一人で悩まず、上司や人事担当、社内または社外相談窓口に相談する。
　（133字）

**問題４．社内でパワーハラスメント防止研修を定期的に実施しているが、役
　　　職者やパワーハラスメント行為者とされる者が研修に参加してく
　　　れない場合どうすればよいか。（300字以内で記述しなさい）**

【解答の例】

　社内報、ポスターなどを利用し、パワーハラスメントは絶対に許され
ない、ハラスメント対策セミナーは会社として「全員必修」だという強い
意志を打ち出す。その姿勢を貫くためには「研修を受けなかったので自
分の言動がパワーハラスメントに当たるとは知らなかった」などの言い
訳を許さないことが大事である。そこをゆるくしてしまうと、従業員か
らは結局のところパワーハラスメントを起こしたとしても大した処分に
ならないと勘違いしてしまうからである。そのほか、社内規則等におい
て、パワーハラスメント防止研修を受けない者は人事上の評価に影響す
る旨を定めることも有効であると考えられる。（277字）

問題５．管理職が部下からパワーハラスメントの相談を受けた時、どのように対応すればよいか。（300字以内で記述しなさい）

【解答の例】

> 管理職は部下から相談を受けたり、部下のメンタルヘルス不調に気づいたりする機会が多いので、その対応が解決への重要なポイントとなる。
>
> ① 相談者や関係者への印象や先入観を捨て、公正中立な姿勢で受け入れ、プライバシーを尊重し秘密を厳守する。
>
> ② 相談者がどのような解決を望んでいるかを把握し、尊重する。
>
> ③ 問題をもみ消そうとしたり相談者を責めるような言動は厳禁。
>
> ④ 対応が困難と思われる場合は専門家に引き継ぐ。
>
> ⑤ 相談者にメンタルヘルス不調の兆候が見られる場合は、心療内科等の受診を促す、行為者から避難させるなど早急に対処する。（258字）

問題６．下記の状況の場合の解決策を300字以内で記述しなさい。

【社内にハラスメント相談窓口を設置したが、相談内容が漏れていると思われているようで、相談がまったく来ない】

【解答の例】

> 会社は、相談窓口担当の重要性をきちんと周知するとともに必ず秘密は守られること、相談することで決して不利益を被らないこと、問題解決の仕組みや過程が透明であることなど、安心して相談できるルールを確立して公表し、時間をかけて従業員の信頼を得ることが大切である。
>
> また、担当者には信頼されている人物を充てることや、担当者に対し、相談を受けた場合の対応についての研修を行うことも大事である。
>
> もし、自社内での対応が困難な場合は、ニュートラルな立場と守秘義務を貫ける外部機関に窓口の運営を委託することも考えられる。（249字）

問題７．下記の質問について、300字以内で記述しなさい。

【妊娠５か月の女性社員から、妊娠による体調不良のため休業したいとの申出がありました。どのように対応したらよいでしょうか。】

【解答の例】

　均等法では事業主に対し、妊娠している女性労働者が健康診査等を受け、主治医等から指導事項を受けた場合は、その指導を守ることができるようにするため、必要な措置を講じることを義務づけている。
事業主が講じなければならない措置としては、以下のものがある。
(1)妊娠中の通勤緩和
(2)妊娠中の休憩に関する措置
(3)妊娠中の症状等に対応した作業の制限、勤務時間の短縮、休業等の措置
　通勤緩和、休憩に関する措置について、主治医等による具体的な指導がない場合や症状等に対応する措置について、指導に基づく措置内容が不明確な場合には、女性労働者を介して主治医等と連絡をとり、その判断を求めるなどの対応が必要となる。（289字）

問題８．図表１・図表２から読み取れることを、300字以内で記述しなさい。

図表１．過去３年間にパワーハラスメントを受けたと感じた経験（勤務先の
パワーハラスメントの予防・解決のための取組の実施状況別）

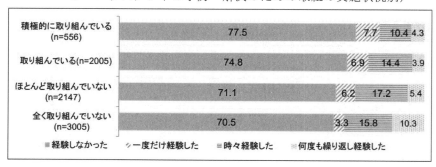

対象：過去３年間のパワーハラスメントを受けた経験について、「何度も繰り返し経験した」、「時々
経験した」、「一度だけ経験した」と回答した者のうち、パワハラを経験したのが「現在の
職場」または「現在の勤務先の他の職場」と回答した者、単位%

図表２．過去３年間にパワーハラスメントを受けたと感じた者におけるそ
の後の行動（複数回答、勤務先のパワーハラスメントの予防・解決
のための取組の実施状況別）

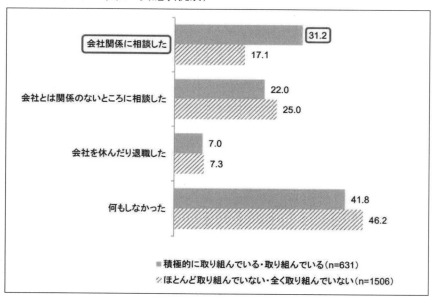

対象：過去３年間のパワーハラスメントを受けた経験について、「何度も繰り返し経験した」、「時々
経験した」、「一度だけ経験した」と回答した者のうち、パワハラを経験したのが「現在の
職場」または「現在の勤務先の他の職場」と回答した者、単位％

【解答の例】

　　パワーハラスメントの予防・解決のための取組に、「積極的に取組んでいる」
会社の従業員のほうが、「全く取組んでいない」会社の従業員よりもパワーハ
ラスメントの経験がない比率が高い。また、パワーハラスメントを受けた後
の行動について、「積極的に取り組んでいる・取り組んでいる」会社の従業員
は、「会社関係に相談した」の回答が多く、「ほとんど取り組んでいない・全
く取り組んでいない」会社の従業員は、「会社とは関係のないところに相談し
た」の回答が多い。以上のことから、会社がパワーハラスメントの予防・解
決に取組むことは、従業員にとって良い効果があることがわかる。

問題９．次の図表から、パワーハラスメント対策の取組を継続して実施すると、取組の実施期間が長いほど、その効果は大きくなることがわかる。このことから、パワーハラスメント対策の取組である繰り返し教育や周知が必要な理由について、200字以内で記述しなさい。

パワーハラスメントの予防・解決の取組を進めた結果、予防・解決以外に得られた効果（取組実施期間別）（企業調査）

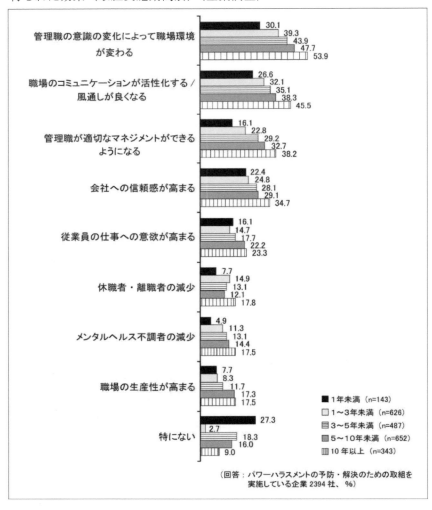

（回答：パワーハラスメントの予防・解決のための取組を
実施している企業 2394 社、％）

【解答の例】

　パワーハラスメント対策の取組が一過性に終わってしまうと、パワーハラスメント対策の重要性が忘れられ、パワーハラスメントを許さないという会社風土が根付かないままとなってしまうことが考えられる。そうすると、自分では、意識せずにパワーハラスメント行為を行う従業員も見られるようになり、取組の実施効果が持続するどころか、元に戻ってしまうおそれさえ生じ得ることから、繰り返し教育や周知は必要である。（193字）

問題 10. 次の図表から社内は、「安心して相談できる」と考えている層と、「安心して相談できない」と考えている層の比較を通して読み取ることができることを、150 字以内で記しなさい。

「パワーハラスメントを受けてどのような行動をしたか」

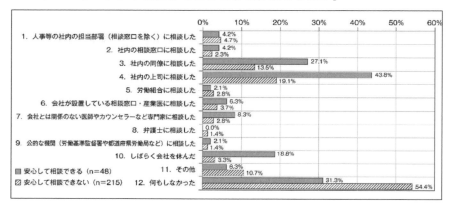

「パワハラを受けた」ことがある従業員に対して、パワハラを受けてどのような行動をとったかを複数回答で聞いたアンケートの結果である。

「安心して相談できる」とは、社内の相談先が明確であると考えている従業員に対して、「社内は安心して相談できる状況か」をたずねた結果、「そう思う」と回答した層であり、「安心して相談できない」とは、「そう思う」以外（そう思わない、等）の回答をした層である。

（出典：平成 28 年度 厚生労働省委託事業職場のパワーハラスメントに関する実態調査報告書）

【解答の例】

　「安心して相談できる」と考えている層は、「安心して相談できない」と考えている層に比べ、パワハラを受けて「何もしなかった」とする回答が 20 ポイント以上低く、上司や同僚、担当部署等、会社の誰かには相談しているが、相談窓口に相談する人は少ないことがわかる。（124 字）

問題 11. 次の図表からパワーハラスメントの予防・解決のための取組を、経営上の課題として「非常に重要である・重要である」と回答した企業と「どちらともいえない・あまり重要ではない・全く重要ではない」と回答した企業の回答率の比較を通して読み取ることができることを、150 字以内で記しなさい。

パワーハラスメントが職場や企業に与える影響（複数回答）

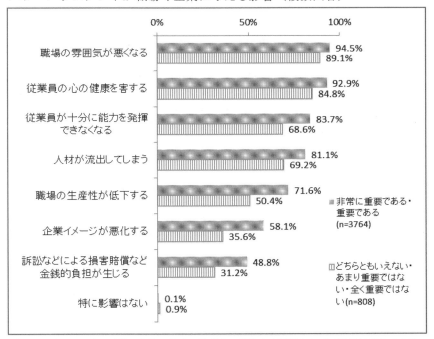

パワーハラスメントの予防・解決のための取組を、経営上の課題として「非常に重要である・重要である」と回答した企業と「どちらともいえない・あまり重要ではない・全く重要ではない」と回答した企業

（出典：平成 28 年度厚生労働省委託事業職場のパワーハラスメントに関する実態調査報告書）

【解答の例】

　パワーハラスメントの予防・解決のための取組を、経営上の課題として「重要だ」と考えている企業と「そうでもない」と考えている企業を比較すると、後者の方が、パワーハラスメントが職場や企業に与える影響の各項目について、当てはまると考える比率が低い。（120字）

または、
　パワーハラスメントの予防・解決のための取組を、経営上の課題として「重要だ」と考えている企業と「そうでもない」と考えている企業を比較すると、前者と後者の比率の差が大きい項目は、順に「企業イメージが悪化する」、「職場の生産性が低下する」、「訴訟などによる損害賠償など金銭的負担が生じる」であった。（146字）

問題 12. 次の図は、パワーハラスメントが職場や企業に与える影響に関する調査において、回答率が高かった項目を順に並べたものである。図中のａとｂに入る取組を記しなさい。

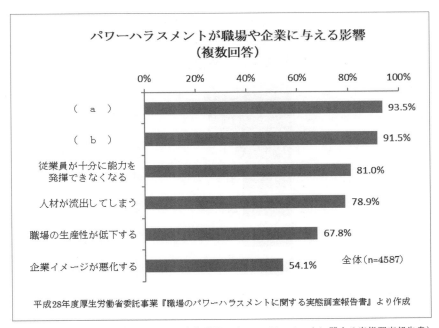

（出典：平成 28 年度 厚生労働省委託事業職場のパワーハラスメントに関する実態調査報告書）

解答

ａ （職場の雰囲気が悪くなる）

ｂ （従業員の心の健康を害する）

問題 13. 次の図は、パワーハラスメントの予防に向けて実施している取組と効果を実感できた取組を比較して並べたものである。図中の a、b、c に入る取組を記しなさい。

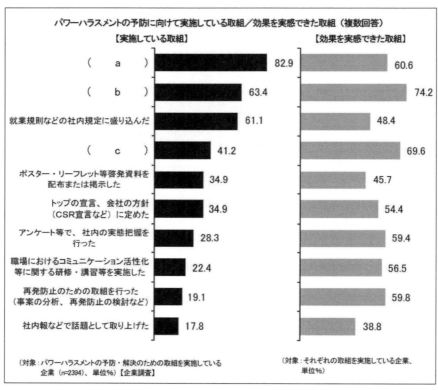

（出典：平成 28 年度 厚生労働省委託事業職場のパワーハラスメントに関する実態調査報告書）

解答

a （相談窓口を設置した）

b （管理職を対象にパワーハラスメントについての講演や研修会を実施した）

c （一般社員等を対象にパワーハラスメントについての講演や研修会を実施した）

問題 14. 次の判例の抜粋を読み、設問に答えなさい。

【判例の抜粋】

行為者の D1（課長）・D2（係長）・D3（主任）は、化粧品販売会社に出向して勤務する V の上司

受け手の V は、当該会社に出向してビューティーカウンセラーとして勤務

D1 らの言動

・D1・D2・D3 を含む 7 名（うち 6 名は女性）で構成されるリーダー会議は、拡販コンクールで商品販売数が目標数に達しなかった（未達）V ら 4 名の罰ゲームを行うことを決定し、平成 21 年 10 月末に実施された会社業務としての研修会に先立ち、D2 係長らが V ら未達者 4 名を呼び出して、罰ゲームとして、用意していたコスチュームを選ばせて着用させた。

・コスチュームはピンク色を黒で縁取りしたウサギの耳の形のカチューシャ、上半身は白い襦袢の上に紫の小袖と光沢のある青色の肩衣、下半身は光沢のある黄色の袴であった。V は拒否をしなかったが、着用についての意思確認はなかった。

・V は、研修会当日は、勤務時間・休憩時間を含めて終日着用し、予定されていた発表もした。

・平成 21 年 11 月、他の研修会で、コスチュームを着用した V の姿を含む研修会の様子が V の了承を得ずにスライド投影された（V は投影をやめるように抗議しなかった）。

・平成 21 年 11 月末、V はクリニックに月 1 回から 2 回程度通院するようになり（愁訴には、本件だけでなくその他の会社の V に対する対応への不満も含まれている）、同年 12 月 1 日以降、年次有給休暇、有給病気休暇、欠勤を経て、平成 22 年 5 月末付けで雇用期間が満了した。

大分地判 平成 25 年 2 月 20 日（カネボウ化粧品販売事件）

【設問】
Ｄ１らの言動は、不法行為に当たるか否かを理由も合わせて 300〜400 字程度で記述しなさい。

【解答の例】

> Ｄ１らの言動は、不法行為にあたる。
>
> 【理由】
> 　Ｄ１らは出席が義務づけられている研修会において、コスチューム着用が予定されていながら、Ｖ の意思を確認することもせず職務上の立場に基づき、コスチュームの着用を求めたものである。たとえ任意であったとしても、Ｖ がその場でコスチュームの着用を拒否することは非常に困難であると考えられる。また、コスチュームの着用は会社の業務内容や研修会の趣旨と全く関係なく、しかも別の研修会で Ｖ の了解なくスライドが投影されており、採用された手段が目的と必ずしも合致しているものとはいえない。
> 　したがって、研修会が１日であったこと、目的が正当なものであること、Ｖ が明示的に拒否していないことなどを考慮しても、D1 らの行為は、社会通念上正当な職務行為であるとはいえず、Ｖ に心理的負荷を過度に負わせる行為であるといわざるを得ず、違法性を有し、不法行為に該当する。(384 字)

問題 15. 次の判例の抜粋を読み、設問に答えなさい。

【判例の抜粋】

行為者：D（介護サービス会社の介護施設営業所所長）
受け手：V（介護職員。有期雇用で勤務約4年）

（Dの言動等）
① VがDに妊娠を報告し、重たいものを持てないなどとして業務の軽減を求めたところ、Dは担当業務のうち何ができて何ができないか確認するよう指示したまま1か月以上放置した。
② VがDと面談し、業務軽減を再度求め、できない業務が多いという感想を漏らしたところ、Dは、以下の発言をした。
　　「何よりも何ができません、何ができますちゅうのも不満なんやけど、まず第一に仕事として一生懸命していない人は働かなくてもいいと思ってるんですよね」、「仕事は仕事やけえ、ほかの人だって、病気であろうと何であろうと、仕事っちなったら、年齢も関係ないし、資格がもちろんあるけど、もう、この空間、この時間を費やすちゅうことに対しての対価をもらいよるんやけえ、やっぱり、うん、特別扱いは特にするつもりはないんですよ」、「万が一何かあっても自分は働きますちゅう覚悟があるのか、最悪ね。だって働くちゅう以上、そのリスクが伴うんやけえ」、「妊娠がどうのとか、本当に関係なく、最近の自分の行動、言動、いつも、ずっとずっと注意されよったことを、もう一回思い出してもらって、取り組んでもらって、それが、改善が見えない限りは、本当にもう、全スタッフ一緒ですよね。更新はありませんよちゅうのは、そういうことですよね。」「本当にこんな状態で、制服も入らんような状態で、どうやって働く？」「きついとか、そんなのもあるかもしれんけど、体調が悪いときは体調が悪いときで言ってくれて結構やし。やけど、もう、べつに私、妊婦として扱うつもりないんですよ。こういうところはもちろんね、そうやけど、人として、仕事しよう人としてちゃんとしてない人に仕事はないですから」
　　そして、Dは、Vに対し、できる業務とできない業務について、再度、医師に確認して申告するよう指示し、業務内容の変更などの措置を講じなかった。そのため、Vは、機械を使用した入浴介助や車いすを抱えて階段昇降を行う送迎等の業務を行い、体調が悪いときは、他の職員に代わってもらっていた。

福岡地裁小倉支部判 平成 28 年 4 月 19 日（ツクイほか事件）

【設問】
Ｄの言動は、不法行為に当たるか否かを理由も合わせて 300〜400 字程度で記述しなさい。

【解答の例】

Ｄの言動は不法行為にあたる。

【理由】
Ｄの発言は、Ｖの勤務態度が真摯な姿勢とはいえず、妊娠によりできない業務があるのはやむを得ないとしても、できる範囲で創意工夫する必要があるのではないかという指導の必要性があり、いやがらせの目的はないから、その目的に違法性はない。しかし、Ｄの発言は、妊娠していることについての業務軽減等の要望をすることは許されないとの認識を与えかねないもので、相当性を欠き、社会通念上許容される範囲を超えたものであって、妊産婦労働者の人格権を害するものといわざるを得ない。したがって、Ｄの面談時における発言は、不法行為を構成する。
ＤはＶに対してＶの職場環境を整える義務を負っていた。そして、Ｄが拱手傍観し、なんらの対応をしなかったことは、職場環境を整える義務に違反するから、不法行為を構成する。（355 字）

次の裁判例の概要を読み、問題 16 と問題 17 に答えなさい。

行為者　　GとH（主査としてVが処理した書類の審査を担当）
受け手　　V（入社 16 年で地域職から事務センター職に異動し、主任とし
て業務に従事した男性従業員）

（背景と状況）

・Vが異動した職場は、課長D、係長F、主査G・H、主任 2 名（Vほか
　1 名）、期間雇用社員数名が所属し、席の配置は、D課長の斜め前にV、
　Vの右横がG主査、G主査の前がH主査、G・Hの横にF係長という状
　況で、Vの状況について、上司は把握できる状態にあった。

・Vは、業務処理のスピードが遅く終業間際に残業を申し出ることが多
　く、D課長がGやHら他の社員に仕事を割り振って残業を認めないこ
　ともあった。また、Vは頻繁にミスを発生させ、事務室内を小走りにば
　たばたと動き回ってGやHから注意されたりしていた。

・Vは、赴任後数ヶ月で元の業務への異動を希望し、その後も継続的に異
　動を希望し続けたが、ハラスメント相談窓口への訴えはなく、数回出
　されていた異動希望書にもハラスメント等の記載はなかった。他方で、
　Vは同僚に、「地獄」「早く脱出したい」「こんな所消えて無くなれ」等
　のメールを送るようになり、実家でもGやHをひどい上司と言うなど
　していた。

（G・H両主査の言動等）

・（強い口調）「ここのとこって前も注意したでえな。確認せえかったん。
　どこを見たん。」「どこまでできとん。何ができてないん。どこが原因な
　ん。」「何回も言ようよな。マニュアルをきちんと見ながらしたら、こん
　なミスは起こるわけがない。きちんとマニュアルを見ながら、時間が
　かかってもいいからするようにしてください。」　　　　（小走りでばたば
　た走ると）「（大声で）走られん。」「ばたばたうるさい。」

・Vの異動 1 年後の人員配置変更により、Vが電話をとる回数が増える
　とともに、書類のミスとG・H両主査によるミスの指摘が増え、G・H
　は、強い口調で叱責するようになり、親しい知人が呼んでいたあだ名
　「こう」で、「こうっ」と見下すように呼び捨てして叱責した。

・Vの異動約 1 年 8 か月のころには、Vが他の従業員に「死にたい」と言
　うようになり、その従業員がG・HやF係長に伝えるが、3 名とも真剣

177

に受け止めなかった。このころにはⅤは体重が 15kg 減少し（70kg→
55kg）、Ｆ係長が気にかけるほど体調不良の状態が明らかとなる。
・異動約２年後に、実家に帰省したⅤが妹に「一生職場から出られない」
と嘆き、実家の居室で自殺した。

徳島地判 平成 30 年 7 月 9 日 （ゆうちょ銀行事件）

問題 16. Ｇ・Ｈ両主査の言動は、不法行為に当たるか否かを理由も合わせて 200 文字程度で記述しなさい。

【解答の例】

Ｇ・Ｈ両主査の言動は、不法行為に当たらない。

【理由】
主査として部下の書類作成のミスを指摘し改善を求めることは、業務上
必要なことである。Ⅴに対する叱責が日常的に継続したのは、Ⅴが頻繁
に書類作成上のミスを発生させたことによるものであって、理由がなく
Ⅴを叱責していたわけではない。また、Ｇ・Ｈ両主査の発言内容は、人格
的非難に及ぶものとまでは思えないため、Ⅴに対するＧ・Ｈ両主査の言
動は不法行為に当たらない。（200 字）

問題 17.　会社は安全配慮義務違反になるか否かを理由も合わせて 200 文字程度で記述しなさい。

【解答の例】

会社は安全配慮義務違反になる。

【理由】
席の配置や従業員からの相談があったことを考えれば、少なくともF係長は、Vの体調不良や自殺願望の原因がG・Hとの人間関係に起因することだと想定できたはずなのに、F係長及びD課長は、業務処理のスピードが遅くミスが多いVの執務状態を改善しようとせず、本来ならVに過度の負担が生じないように異動を含めた対応を検討すべきであったところ、数回出されたVの異動希望にも応じなかったので、会社は安全配慮義務違反になる。（220字）

問題 18．次の判例の概要を読み、設問に答えなさい。

【判例の抜粋】

行為者　X（甲社の営業部サービスチームの課長代理）

受け手　Y（乙社から甲社に派遣されていた派遣社員。行為当時 30 代前半の女性）

（X課長代理の言動等）

・Xは、以前から女性従業員に対する言動につき甲社内で多数の苦情が出されており、営業部に異動した当初、上司から女性従業員に対する言動に気を付けるよう注意されていた。

　XがYに対し、1年余にわたり、次の発言をした。

・「30 歳は、二十二、三歳の子から見たら、おばさんやで。」「もうお局さんやで。怖がられてるんちゃうん。」「精算室にYさんが来たときは 22 歳やろ。もう 30 歳になったんやから、あかんな。」などという発言を繰り返した。

・「毎月、収入どれくらい。時給いくらなん。社員はもっとあるで。」、「お給料全部使うやろ。足りんやろ。夜の仕事とかせえへんのか。時給いいで。したらええやん。」、「実家に住んでるからそんなん言えるねん、独り暮らしの子は結構やってる。ＭＰのテナントの子もやってるで。チケットブースの子とかもやってる子いてるんちゃう。」などと繰り返し言った。

・Yともう一人の女性従業員に対し、具体的な男性従業員の名前を複数挙げて、「この中で誰か1人と絶対結婚しなあかんとしたら、誰を選ぶ。」、「地球に2人しかいなかったらどうする。」と聞いた。

・セクハラに関する研修を受けた後、「あんなん言ってたら女の子としゃべられへんよなあ。」、「あんなん言われる奴は女の子に嫌われているんや。」という趣旨の発言をした。

上記のXの言動が一因で、Yは甲社での勤務を辞めることとなった。

最判 平成 27 年 2 月 26 日（海遊館事件）

【設問】

Xの言動は、セクシュアルハラスメント行為に当たるか否かを理由も合わせて300〜400字程度で記述しなさい。

【解答の例】

Xの言動は、セクシュアルハラスメント行為に当たる。

【理由】
　甲社のセクハラ防止のための種々の取組を管理職として理解し、部下職員を指導すべき立場であったXは、上司から女性従業員に対する言動に気を付けるよう注意されていたにもかかわらず、Yの年齢やYらがいまだ結婚をしていないことなどを殊更に取り上げて著しく侮蔑的で下品な言辞で同人らを侮辱し又は困惑させる発言を繰り返し、派遣社員であるYの給与が少なく夜間の副業が必要であると揶揄する発言を1年余にわたり繰り返した。
　上記のいずれの言動も、女性従業員に対して強い不快感や嫌悪感ないし屈辱感を与えるもので、職場における女性従業員に対する言動として極めて不適切なものであって、その執務環境を著しく害するものであったというべきであり、当該従業員らの就業意欲の低下や能力発揮の阻害を招来するものといえる。
　従って、Xの言動は、セクシュアルハラスメント行為に当たる。
（367字）

問題 19. 安心して相談できる相談窓口を作るための取組について、具体的に記述しなさい。（800～1000 字）

【解答の例】

　　相談窓口の設置・運営にあたって第一に重視すべきは、従業員が安心して相談できる相談窓口にすることであるが、そのためには以下の取組を講ずる必要があると考えられる。

プライバシーの保護

　　相談者・行為者等のプライバシーを保護するために必要な措置の例として、次のものが考えられる。

①相談窓口においては相談者・行為者等のプライバシーを保護するために必要な措置を講じていることを、社内報、パンフレット、社内ホームページ等広報又は啓発のための資料等に掲載し、配布等する。

②事業主は、相談者・行為者等のプライバシーの保護のために必要な事項をあらかじめマニュアルに定め、相談窓口の担当者が相談を受けた際には、当該マニュアルに基づき対応するようにする。

③室内の声が外から聞き取れないなど、相談者のプライバシーが確保できる相談室を設置する。

④解決のために必要な第三者への情報開示は相談者との協議の上で行うことを周知する。

不利益取扱いの禁止

　　就業規則その他の職場における職務規律等を定めた文書において、労働者が職場におけるハラスメントに関し相談をしたこと、または事実関係の確認に協力したこと等を理由として、当該労働者が解雇等の不利益な取扱いをされない旨を規定し、労働者に周知・啓発をする。

相談窓口を利用しやすくするための工夫

　　相談窓口の存在と受付方法を社内報、パンフレット、社内ホームページ等によって周知したり、相談・苦情対応の全体の流れがわかりやすい資料を作成し、配布する。受付方法は、電話、メール、ウェブ上のフォーム、FAX・郵送など複数の方法を用意することが望ましい。

相談体制

　　相談窓口は、セクハラやパワハラなど、それぞれのハラスメントが他のハラスメントと複合的に生じることも想定されることから、職場にお

けるハラスメントの相談窓口を一体的に設置し、他のハラスメントと一体的に相談に応じることのできる体制を整備する。

　また、社内相談窓口制度を設けて、面談により相談を受ける場合は、可能であれば2名で対応し、相談員の1名は同性であることが望ましい。特にセクシュアルハラスメント事案では、同性が相談対応することが望ましい。

相談員

　担当者には信頼されている人物を充てることや、相談窓口の担当者に対し、相談を受けた場合の対応についての研修を行うことも大事である。

　（957字）

問題20.　厚生労働省の「パワーハラスメント対策導入マニュアル」では、パワーハラスメント防止対策として、予防対策（５つ）と再発防止対策（２つ）の取組を推進している。このうち、予防対策に関する５つの取組みについて問１と問２の設問に答えなさい。

（１）（　　Ａ　　）

（２）ルールを決める

（３）（　　Ｂ　　）

（４）教育する

（５）周知する

【設問】

問１．（Ａ）と（Ｂ）に当てはまる言葉を記入しなさい。

（Ａ）トップのメッセージ

（Ｂ）実態を把握する

問２．予防対策に関する５つの取組みの内容について具体的に書きなさい。（800〜1000字）

> トップのメッセージ
>
> 　パワーハラスメント対策を取り組む上でまずは企業のトップや経営陣がパワーハラスメントについて正しい知識・理解を持ち、使用者としての責任を持って対応する姿勢を示すことが重要である。
>
> ルールを決める
>
> 　労使一体で取組を進めるために、労働協約や労使協定などでルールを明確化することが効果的である。
>
> 　また、就業規則に罰則規定の適用条件や処分内容、また、相談者の不利益な取扱いの禁止などを明確に定める必要がある。罰則規定の適用条件や処分内容については、従業員にとって分かりやすく、できる限り具体

的な内容にする。

　就業規則を変更した場合は、従業員に説明会を開いたり、文書で配布するなど、その内容を周知させなければならない。

実態を把握する

　職場のパワーハラスメント防止対策を効果的に進められるように、職場の実態を把握するためのアンケート調査を実施する。より正確な実態把握や回収率向上のために、匿名での実施が望ましい。

　調査手法としては、紙や電子ファイルでの実施に加え、インターネット上でアプリを使って実施する方法もある。また、アンケートの項目については、厚生労働省「パワーハラスメント対策導入マニュアル」で例示している項目を参照することもできる。

　アンケートの結果については、公表することで従業員の意識を高めたり、分析結果に応じた取組を始めるなど、アンケート実施後の対応が必要となる。

教育をする

　パワーハラスメントを防止するための研修は、可能な限り全員に受講させること、定期的（年1回のペース）かつ継続的に実施する。

　研修内容は、トップのメッセージ内容を含めるとともに、会社のルールの内容、取組の内容や具体的な事例を加えると効果的である。

　管理職については、通常の研修のほか、パワーハラスメントの元になる怒りのコントロール「アンガーマネジメント」研修を実施することが望ましい。また、パワハラに繋がる「言動」や「考え方」についてのセルフチェックを行うことも効果的である。

周知をする

　会社の方針、ルールや相談窓口などについては、計画的かつ継続した周知を実施しなければならない。例えば、相談窓口に関して、どのように利用できるか、相談者が守られ安心して相談できる窓口であることを、社内報やイントラネットを利用して周知する方法がある。（951字）

【働き方改革検定】

ハラスメントマネージャーⅠ種認定試験精選問題集

2020 年 9 月 20 日　初版第 1 刷発行

編　者	一般財団法人 全日本情報学習振興協会
発行者	牧野 常夫
発行所	一般財団法人 全日本情報学習振興協会
	〒102‑0093　東京都千代田区平河町 2‑5‑5
	全国旅館会館 1 F
	TEL：03‑5276‑6665
発売所	株式会社 アース・スター エンターテイメント
	〒141‑0021　東京都品川区上大崎 3‑1‑1
	目黒セントラルスクエア 8F
	TEL：03‑5795‑2871
印刷・製本	日本ハイコム株式会社

ISBN コード　978‑4‑8030‑1463‑1　C2034

©2020　一般財団法人 全日本情報学習振興協会　Printed in Japan